AF598962

Mon messie

Danny Nabet

Mon messie

LE LYS BLEU
ÉDITIONS

ISBN : 979-10-422-1407-4

À l'Algérie, qui m'a accueilli sur sa terre
le temps d'un récit.

À cette femme courageuse, ma mère Suzanne
qui a surmonté la vie pour préserver la nôtre.

À mes treize frères et sœurs ; ceux
que j'ai connus et ceux que je n'ai pas connus.
Vous m'accompagnez dans le long voyage qu'est ce livre.

Préface

L'enfant compte sur ses doigts. Mais comment compter lorsque l'on est le quatorzième enfant d'une famille déjà terrassée par les deuils et les déchirements ? Aujourd'hui, Danny ne compte plus, mais il conte. Il narre les vies de trois générations de personnages, se mettant toujours à hauteur de leurs sentiments, redonnant vie à ceux depuis longtemps disparus. Au fil des pages et des épreuves traversées, l'espoir reste présent, parfois imperceptible, comme le filigrane d'existences rythmées par la peur, l'exil, la violence… mais aussi les rires, les joies simples de l'enfance, l'amour malgré tout.

Danny m'a dit un jour avoir souhaité écrire ce livre pour les enfants en difficulté, avant tout comme un message d'espérance. Il les enjoint à croire en eux, en leurs potentialités comme en leur destin. Mettant au jour les effets destructeurs des adversités qui marquent à jamais les cœurs et les corps, ce récit vient toutefois contrecarrer les déterminismes. Sans jamais apparaître naïf, mais avec bonté et justesse, n'oubliant jamais l'enfant qu'il a été, Danny témoigne d'une résilience qui semble trouver racine dans l'ouverture à soi et aux autres.

Les faits contés et les héros de cette histoire sont tous bien réels. Ils racontent la filiation, les illusions perdues, les amitiés impossibles et les rencontres déterminantes. Ils dessinent aussi l'entrelacs de vies individuelles qui font l'étoffe de l'Histoire, avec un grand « h » cette fois. C'est enfin, je crois, un livre qui rend hommage aux femmes, à leur force, à leur détermination et à leur sororité malgré les différences qui pourraient les opposer. Vous découvrirez ainsi cette mère au courage et à la générosité exemplaires, cette nourrice qui risquera sa vie pour en sauver d'autres, cette sœur au destin tragique, cette voisine naufragée qui ouvrira sa porte et saura trouver les mots pour consoler l'enfant perdu.

Je n'en dis pas plus, et vous laisse espérer avec Danny la venue de son propre Messie. Mais existe-t-il seulement ?

Mélanie Villeval

Et comme je plongeais,
Du haut de mes dimanches,
Dans leur grand lit
Aux larges vagues blanches.
Et j'étais bien contre eux,
Et comme il sentait bon,
Le grand berceau des amoureux.

Mon père qui rit,
Ma mère qui se penche
Pour me chanter sa plus jolie chanson.
Quel chef-d'œuvre mon enfance,
Nous étions bénis des dieux,
Nous étions des gens heureux.

Elle est belle mon histoire.
T'as marché, elle t'a plu.
J'ai menti, j'ai triché.
Voilà la vérité,
Toute nue.

Herbert Pagani

Chapitre I
Cet enfant-là

1960

J'aime à dire que là tout commence, même si ce n'est pas le début de l'histoire.

Dans la cuisine quadrillée d'un carrelage noir et blanc de la rue Bissardon à Lyon, tout se passait trop haut pour l'enfant de six ans que j'étais. Petit, rachitique, cet enfant avait soif de sérénité et souhaitait qu'un coup de baguette magique rétablisse la paix entre sa mère et son père. Il aurait tant voulu qu'ils se pardonnent, s'asseyent l'un près de l'autre, s'écoutent et se parlent, ne haussent plus leur voix, qu'ils se tiennent par la main comme les parents de ses camarades à la sortie de l'école de garçons Eugène Pons. Avoir des parents comme les autres, pensait l'enfant, des parents jeunes, calmes, parlant français pour se dire des mots d'amour, et non en arabe afin que l'on ne puisse pas comprendre leurs médisances, leurs discordes. Il aurait aussi voulu que son père se régale des bons plats que sa mère lui servait. Mais ils ne baissaient jamais les armes. Deux naufragés de la tendresse…

Cet enfant était le quatorzième de sa famille, et paradoxalement vivait dans une grande solitude. Il n'existait pas, restait invisible, ni l'un ni l'autre ne s'en préoccupaient, accablés par leur propre existence. Souvent, l'enfant se terrait sous la table, protégé par la nappe de toile cirée. Il comptait tout doucement jusqu'à dix, un doigt après l'autre, encore et encore, les yeux fermés. Il attendait la fin du combat, le retour du silence qui dissiperait bientôt le tapage, comme une éponge sur un tableau noir efface les mots inutiles.

Mais sous cette table, qui lui porterait secours ? Qui pourrait lui tendre la main en disant : « Viens, on s'en va d'ici, je t'emmène ailleurs » ? Qui pourrait le rassurer, sinon son Messie, son Messie privé, ce personnage semé telle une pousse dans son esprit depuis tant d'années sans qu'il en comprenne vraiment la signification ! Il était prêt à l'attendre longtemps s'il le fallait, ce Messie qui viendrait le délivrer pour commencer une autre vie. Il fallait juste y croire très fort, s'accrocher à cette foi, à cet espoir secret. Mais pour cela, il fallait un miracle ! Il aimait cette légende, comme une chanson douce, en s'endormant.

Bon, mais si on reprenait du commencement ? Le tout début, avant la naissance de cet enfant.

Il existait dans le salon de ma nièce Aline une photo de famille, une photo d'avant, de bien avant, prise en Algérie, à Sétif, où je ne figurais pas. Non, je n'étais pas caché derrière quelqu'un, tout simplement je n'existais pas. Comme disait Jean-Jacques, mon grand frère, en faisant rire tout le monde, j'étais encore « dans les coucougnettes ».

C'est à Sétif donc que débuta notre récit, au début des années 1930, avec l'aide de Dieu, et, comme c'en était la coutume, avec l'aide d'un *shadhan* familial, un marieur. Bellara Zemmour de Constantine et Smeha Nabet de Sétif décidèrent de marier leurs enfants, Isaac et Suzanne, mes parents. Dans ce mariage organisé par les mères, on ne parlait pas d'amour. Plus tard viendraient les sentiments, ou peut-être pas… Il fallait assurer la descendance et pour cela trouver un mari juif, bien *casher* et de bonne famille. Ne pas s'assimiler, telle était l'obsession.

Cette crainte, mon frère Jean-Jacques et moi n'en avions pas conscience pendant notre jeunesse tumultueuse à Lyon, sous la protection de la République française « une et indivisible ». La peur de l'assimilation ne m'est absolument pas venue à l'esprit lorsque, bien des années plus tard, j'ai rencontré Anne, ma femme d'une famille sédentaire du seizième à Paris. Le comble, c'est que cette jeune fille non juive portait une étoile de David à son cou et aspirait se rapprocher du peuple hébreu.

Le jour où je lui appris que j'allais me marier avec Anne, Suzanne, ma mère, eut ce trait d'humour : « Comment, mon fils ? Tu vis dans un pays avec sept millions de Juifs et tu trouves le moyen de te marier avec une goye ! » Cela ne l'a pas empêchée d'aimer Anne comme sa propre fille et de se réjouir de la venue au monde de ses petits-enfants.

Chapitre II
Le rêve de Zaki

En 1930, Isaac Nabet, surnommé Zaki, le jeune homme de Sétif destiné à Suzanne Zemmour, rêvait de devenir préparateur en pharmacie. Il admirait un étudiant en pharmacologie à l'université d'Alger, Ferhat Abbas. Plus tard, Zaki s'identifierait aux discours d'Abbas en faveur de l'égalité des droits entre pieds-noirs et indigènes. Peut-être n'irait-il pas à l'université, mais un emploi en pharmacie, pensait Zaki, lui permettrait d'échapper à l'emprise de son père qui avait pour lui d'autres aspirations.

Un matin de janvier 1916, le soleil sétifien encore doux tentait, sans grand succès, de pénétrer par les volets de l'unique fenêtre de la chambre du jeune Zaki pour annoncer un jour nouveau. Il dormait encore malgré l'heure avancée, et c'est son ami Dahan, avec ses boucles noires et son pantalon trop relevé sur sa chemise claire, qui fit bruyamment irruption dans sa chambre :

— *Zaki nod* ! Debout, réveille-toi !

Laisse-moi tranquille, je n'ai pas réussi à m'endormir hier ! répondit Zaki.

— *Majnoun*, sacré fou, c'est ton jour de chance, lui dit Dahan en tapant des mains. Allez, debout !

Encore tout endormi, Zaki releva sa couverture et lui demanda :

— Qu'est-ce que tu me veux, Dahan ? Arrête ton boucan !

— Allez, lève-toi, dépêche-toi, le fils Benhaim s'en va pour Alger !

— Qui s'en va pour Alger ? demanda Zaki dans son sommeil.

— Le fils du pharmacien des petites arcades je t'ai dit !

— Et alors ?

— Et alors ? Son père a besoin d'un apprenti préparateur ! D'accord, ce n'est pas l'université d'Alger, mais bon…

Zaki bondit et se rua sur ses vêtements.

— T'en es sûr ?

— Certain ! Magne-toi.

— Merci, merci Dahan ! T'es génial, toi !

— Allez, rapidos ! insista Dahan.

Le jeune garçon, les yeux gonflés de sommeil, fit un brin de toilette, se coiffa plus vite qu'il ne fallait pour le dire et se présenta à la petite boutique de monsieur Benhaim, située au bout des arcades. Il entra timidement dans la pharmacie. Le lieu semblait désert. Ses yeux parcoururent les étagères, scrutant les petites bouteilles et les gros flacons quand soudain, apparut la tête chauve du gros monsieur Benhaim derrière le comptoir étroit de la boutique.

— Bonjour jeune homme, vous désirez ?

— Bonjour, Monsieur, je suis venu pour l'emploi, dit Zaki d'une voix tremblante.

— Tu n'es pas le fils Nabet, par hasard ?

Zaki ne put discerner si le ton de la question était positif ou négatif.

— Si, Monsieur, je suis son fils, répondit-il en hésitant.

— Très bien. Es-tu motivé pour la pharmacie ?

— Oui, Monsieur, je voudrais tellement travailler avec vous.

— À ce point-là ?

— À ce point-là, Monsieur !

— Alors, d'accord. Viens demain à huit heures.

— Bien sûr, Monsieur, parfait ! Merci, Monsieur !

Zaki s'immobilisa, absorbé par les grands bocaux en verre rouge et jaune, lorsqu'il entendit à nouveau la voix du pharmacien :

— À demain, jeune homme !

— À demain, Monsieur Benhaim !

Il avait envie de crier, de sauter de joie, mais pour faire bonne impression devant monsieur Benhaim, il continua son chemin comme si de rien n'était. Enfin, son rêve se réalisait : travailler en pharmacie à Sétif, mélanger poudres et solutions, préparer des médicaments pour soigner les gens.

Zaki devint donc préparateur en pharmacie à Sétif. Il apprit très vite le nom des plantes médicinales. Ouvrir les bocaux, sentir leurs odeurs fortes, observer les réactions chimiques des produits, il s'imaginait apprenti sorcier avec son tablier et les petits poids sur la balance fragile. Monsieur Benhaim appréciait Zaki et lui confiait maintes responsabilités. Ce dernier ne le décevait pas. Il s'adonnait à ses tâches avec habileté et rigueur.

Nous, enfants, avons largement bénéficié de son goût à préparer des remèdes. Il aimait s'occuper de nos petites plaies et nous soigner avec des préparations dont il avait le secret. Ma mère, elle aussi, était estimée pour l'aide médicale que, grâce à lui, elle avait appris à dispenser. Elle avait développé des qualités de soignante fondées sur l'instinct, bien plus que sur la connaissance.

Un jour que Zaki servait un client, la cloche d'entrée retentit dans la boutique. Il leva la tête et vit son père Machlouf dans l'embrasure de la porte, son tarbouche sur la tête et sa longue chemise blanche sur le pantalon, jusqu'aux genoux. Le jeune apothicaire ignorait que sa vie était sur le point de basculer. Le vent chaud qui s'engouffrait dans la boutique en même temps que son père apportait dans son souffle un nouveau destin. Un seul geste de son père, et Zaki comprit. Il posa pilon et mortier, ôta son tablier et suivit son père avec déférence. Ils quittèrent la pharmacie et se dirigèrent vers la maison.

— *Esma abni*, écoute mon fils, je te demande de reprendre l'atelier familial avec ton frère Bébert.

— La bijouterie ? Mais… !

— Ne t'inquiète pas, *bélakel*, du calme ! Tu vas apprendre le métier. J'ai confiance en toi. Ha ! et j'ai une autre bonne nouvelle.

— Papa, tu m'inquiètes avec tes bonnes nouvelles…

— Mais non, mais non, mon fils, écoute-moi. Ta mère…

— Quoi, maman, qu'est-ce qu'elle a ?

— Elle t'a trouvé une jeune fille à marier !

— Quoi Papa ? Une jeune fille ? réagit Zaki, irrité.

— Ne t'énerve pas, tu veux me faire un affront devant tout le monde dans la rue ? Tu n'as même pas encore vu la promise !

Zaki sentait qu'en s'opposant aux volontés de son père, il lui aurait manqué de respect. Quitter la pharmacie pour la bijouterie et consentir à ce mariage signifiait pour lui quitter un rêve pour un cauchemar, mais il s'y résolut. Zaki apprit la profession qu'il n'avait pas choisie et, à sa plus grande surprise, il y prit goût.

Chapitre III
La promise

Les préparations allaient bon train. Se tenant immobile devant l'armoire à glace de la chambre de ses parents, Zaki imaginait pouvoir trouver en lui une force suprême qui lui permettrait de faire face à son père et de le regarder droit dans les yeux : « Écoute Papa, c'est non ! Non, je ne veux pas me marier, et puis non, je ne deviendrai pas bijoutier, je deviendrai pharmacien, tu m'entends, Papa… »

Soudain, une voix le fit sursauter, interrompant son monologue imaginaire. Il ouvrit les yeux. Le miroir lui renvoya son désespoir et il comprit qu'il n'y avait plus grand-chose à faire.

— Allez, souris un peu, Isaac Nabet, ne sois pas si tendu, lui lança Titi, sa cadette. Tu ne vas pas à la guillotine tout de même, tu vas rencontrer ta fiancée ! Et puis, rentre ta chemise dans ton pantalon et rajuste ton boléro. Voilà, comme ça. Très chic !

Zaki était un garçon élancé, aux cheveux noirs avec une raie sur le côté gauche, de grands yeux bruns et une moustache à la Chaplin.

— Oh ! Il est beau comme un sou neuf, le fiancé, s'exclama son grand frère Bébert, plus petit de taille, en forçant l'accent constantinois.

— Tu as raison, il est beau comme tout, le chouchou de maman qui va quitter la maison, lâcha, un tantinet sarcastique, sa grande sœur Mesrouda.

— Allez, laissez-le, les rabroua leur mère. Vous feriez mieux de finir de vous préparer.

— Maman, ne dis pas que Zaki n'est pas ton chouchou, répliqua Bébert, impertinent.

— *Oskot ya wild haram !* Tais-toi, enfant du péché ! C'est comme ça que tu parles à ta mère ? Si tu veux savoir… Celui dont je me languis, c'est votre frère aîné, celui que j'ai donné à la France à la guerre de 14 et qui n'est jamais revenu, même pas dans un cercueil. Ils l'ont enterré sur le champ de bataille !

Les larmes lui coulaient doucement sur les joues.

— Ah non ! Tu ne vas pas te remettre à pleurer, s'écrièrent en chœur tous ses enfants. Pas aujourd'hui !

— Les enfants ont raison, dit son mari. Calme-toi, s'il te plaît.

Bébert n'avait pas tort : il était de notoriété chez les Nabet que leur mère vouait à Zaki une affection particulière. En un mot, qu'il était son chouchou. Des années plus tard, elle déclarerait vouloir finir ses jours dans la maison de Zaki, avec Suzanne et ses enfants, ce qui, ironie du sort, viendrait compliquer l'existence de son fils. Il ne pourrait plus quitter la maison ni divorcer tant que sa mère serait parmi eux. Mais c'est une autre histoire.

Émue et amusée de la situation, Titi murmura :

— Viens, Isaac Nabet, mets-toi un peu d'eau de Cologne avant de sortir ! Et puis, souris Monsieur Nabet, il faut sourire devant tes futurs beaux-parents.

Lui, soupira en fronçant les sourcils :

— Tu crois que… ?

— Mais ne t'inquiète pas, tout va bien se passer, le rassura Titi. Maman connaît ta future fiancée depuis longtemps, elle a vu grandir Suzanne à Constantine, fais-lui confiance à ce sujet ! Arrête d'être anxieux.

— Je voudrais t'y voir, toi. Et si maman se trompait… Et si c'est moi qui ne suis pas prêt ? Enfin, c'est ma vie. Il faut que, que…

— Que quoi ? Regarde notre sœur Mesrouda, elle est déjà mariée, elle est heureuse, et en plus elle attend un enfant. L'amour, ça se construit doucement, et puis je te rappelle que tu ne te maries pas demain ! Allez, haut les cœurs, mon frère.

Elle lui donna une grande tape dans le dos et partit d'un éclat de rire moqueur :

— Mon frère va se fiancer, IN – CROY – ABLE !

Pendant ce temps, Smeha Nabet répartissait les tâches :

— Toi, Mesrouda, tu prends les makroudes et les couronnes de sésame. Toi, Titi, tu prends les croquets aux amandes.

— Et Zaki, il ne porte rien ? demanda la cadette.

— Lui, il porte les fleurs, c'est tout, rétorqua son père. Allez ! On se dépêche. Tout le monde en route !

De l'autocar qui descendait des hauts plateaux sétifiens, Zaki regardait défiler sous ses yeux inquiets le désert algérien où la végétation se faisait rare. Las et indifférent comme ce paysage aride, Zaki n'était pas pressé de parvenir à destination. Sous les conseils de sa mère, il devait se tenir raide et solennel afin de ne pas froisser sa chemise. Les étendues dénudées entre Sétif et Constantine amplifiaient son angoisse, comme si plus rien ne pouvait arrêter cet autocar qui l'emportait vers son destin.

Côté Zemmour :

— Ma chérie, baisse le feu sous le bouillon et sors le pain du four.

— Oui, Maman.

— Ah, et sors la belle vaisselle, ma fille, on va tout transverser.

— Mais, Maman, tu voulais garder la vaisselle pour les fêtes ?

— Mais c'est fête aujourd'hui, ma chérie.

— C'est une rencontre, Maman, pas plus ! Tu aurais pu les inviter pour le café, ça aurait été amplement suffisant !

— Ne sois pas si dure avec tes beaux-parents. Ils viennent de Sétif.

— Maman, ne dis pas ça, ce ne sont pas mes beaux-parents !

— *Samah li,* pardonne-moi ma fille, tu as raison, répondit Bellara, conciliante avec sa fille.

Chez les Zemmour, la *kémia*, l'apéritif traditionnel, était prête. L'anisette était servie avec les fèves au cumin, les olives noires et les œufs aux anchois. Le repas mijotait encore. Tout le monde était tendu : la mère, le père et les trois frères de Suzanne. La future promise, quant à elle, paraissait étrangement calme. Pourtant, elle savait que cette journée était décisive. Elle était émue et impatiente, mais elle faisait confiance à ses parents : même s'il s'agissait d'un mariage arrangé, ils ne la forceraient pas à se marier contre son gré. Salomon Zemmour aimait beaucoup trop sa fille unique pour la contraindre. Il la regarda. Elle était habillée d'une robe à fleurs. Ses boucles brunes lui tombaient sur les épaules :

— Cette robe, tu la portes à merveille, ma fille. Mieux que du sur-mesure, *alkif* ! Tu es somptueuse !

— C'est sûr, tu vas faire bonne impression sur ton futur mari ! ajouta son frère Edmond, rassurant.

— Et lui, tu crois qu'il fera bonne impression sur moi ?

— C'est certain, intervint Bellara, sa mère. Ne t'inquiète pas, il est bel homme et travailleur. Tu appréhendes, c'est normal, c'est la première rencontre, mais n'oublie pas qui est ta future belle-mère : Smeha, qui nous a proposé son fils, est elle-même une fille Zemmour, comme nous. C'est ma cousine lointaine de Sétif, elle se souvient très bien de toi...

— Oui, quand j'étais petite, elle m'a toujours adorée, tu me l'as déjà dit...

— Et puis les Nabet sont une famille de bijoutiers, quand même !

— L'or ne fait pas forcément le bonheur, rétorqua Suzanne.

— Écoute, aujourd'hui sois heureuse et, crois-moi, je ne désire que ton bien.

— Mais je te crois !

— Tu es mon unique fille et je serai malheureuse quand tu partiras, dit-elle, la voix nouée.

Comme chez les Nabet, l'émotion et l'impatience régnaient :

— Ah non, Maman ! Tu ne vas pas te remettre à pleurer ! s'écrièrent en chœur les quatre enfants. Pas aujourd'hui !

Edmond prit sa sœur dans les bras et la serra très fort contre lui en murmurant à son oreille :

— Suzanne, nous sommes là, nous serons toujours avec toi. Ne crains rien.

— Allons ! Il faut finir de mettre la table, rappela leur mère. Ils vont bientôt arriver.

Quand la famille Nabet arriva chez les Zemmour, on pouvait entendre jusque dans la rue les exclamations provenant de la grande maison : « Ils arrivent ! Ils sont là ! » Smeha, coiffée d'un chignon strict, portait une longue robe grise. Elle tenait son fils par le bras comme on aide un condamné à mort à gravir les marches de l'échafaud.

Sur le seuil, Isaac arrangea sa chemise et sa coiffure une dernière fois. En entrant, il présenta les fleurs à Suzanne.

— Mais non ! Qu'est-ce que tu fais, remarqua sa sœur, les fleurs, c'est pour sa maman !

— Oh ! Pardon, dit Zaki, en présentant les fleurs à sa future belle-mère.

Tout le monde rit. L'atmosphère se détendit et les festivités purent commencer.

Dès le début du repas, Zaki et Suzanne se cherchèrent du regard. Puis les premiers sourires éclairèrent leurs visages. Au moment du café, tous deux s'isolèrent pour faire mieux connaissance.

— Merci, Suzanne, pour ce bon repas, et bravo, je me suis bien régalé ! la félicita Zaki.

— Ce n'est pas moi, Isaac, c'est ma mère qui l'a préparé. C'est à elle que revient le mérite d'avoir cuisiné pour une si grande tablée. Moi, je l'ai juste un peu aidée.

— Transmets-lui mes compliments.

— Ce sera fait.

Après un silence, Suzanne reprit :

— Je voudrais te parler franchement, Isaac.

— Tu peux !

— Nous sommes ici tous les deux parce que nos parents l'ont voulu.

— Tout à fait.

— C'est à nous de faire de notre mieux, Isaac.

— C'est juste, maintenant c'est entre nos mains. Ça me fait tout drôle, tu sais, je n'ai pas l'habitude qu'on m'appelle Isaac. Tout le monde m'appelle Zaki. Ma sœur m'appelle Isaac quand elle se moque de moi.

— D'accord. J'ai une autre question importante à te poser, Zaki.

— Je t'écoute.

— Est-ce que tu aimes les enfants ?

— Les enfants ?

— Oui !

— Je crois que oui, mais… nous sommes encore jeunes, peut-être.

— Moi, je les adore, je veux en avoir plein !

— Si Dieu le veut, pourquoi pas.

— Une longue table de shabbat, avec beaucoup, beaucoup d'enfants autour. J'en rêve.

Zaki sourit de voir Suzanne si déterminée. Puis il sortit de sa poche un coffret qu'il lui tendit. Émue, elle attendit quelques instants avant de l'ouvrir. C'était un magnifique bracelet en or.

— S'il ne te plaît pas, je peux en confectionner un autre.

— C'est toi qui l'as fait ?

— Oui, c'est mon métier, je suis orfèvre. Je voulais être pharmacien, mais mon père a souhaité que je devienne bijoutier, sourit-il amèrement.

— Mais tu fais de très belles choses, Zaki ! Je sais que tu es bijoutier, mais je ne savais pas que tu confectionnais toi-même ces joyaux. Ce bracelet est superbe ! Je voudrais bien le garder, il me plaît beaucoup.

— Alors, il est à toi. Et il le glissa autour de son poignet.

— Merci ! lui dit-elle en déposant un baiser sur sa joue.

Titi les rejoignit :

— Ah ! Les amoureux, on vous cherche partout, s'exclama-t-elle. Ton bracelet est magnifique, bravo ! Tu en as de la chance, Suzanne. Moi qui suis sa sœur, je lui en ai demandé un et je l'attends toujours ! Allez, Isaac Nabet, tu viens ? Tout le monde t'attend, on part !

Suzanne rit.

— Au revoir Titi, et elle l'embrassa.

Zaki comprit que le moment de la quitter était arrivé. Il rêvait de l'embrasser, mais n'en fit rien. Il lui lança un « au revoir », elle le remercia pour son cadeau, et il s'en alla. Elle resta seule, assise sur la terrasse à contempler son bracelet, rêvant d'une famille nombreuse. Son rêve allait être exaucé et bien au-delà encore : je suis son quatorzième enfant.

Trois mois plus tard, le 6 septembre 1933, sous la *houppa*, le dais utilisé lors de la cérémonie de mariage à la synagogue de Sétif, Zaki, enveloppé de son *talite,* le châle de prière, tenait la main de Suzanne. En lui mettant la bague au doigt, il récita : « Tu es sanctifiée par la religion de Moïse et d'Israël. »

À la fin de la cérémonie en mémoire de la ville sainte, le marié déclara : « Si je t'oublie, Jérusalem, que ma droite m'oublie ! Que ma langue s'attache à mon palais si je ne me souviens de toi, si je ne fais de Jérusalem le principal sujet de ma joie ! »

Ensuite, il brisa un verre au sol d'un grand coup de talon, et les *Mazal tov !* et les *Mabrouk !* fusèrent de toutes parts.

Chapitre IV
L'aînée : Fortunée

Châteaudun-du-Rhumel : ce fut dans ce petit village que les jeunes mariés s'installèrent. Ce nom fleurait bon le terroir de la métropole. C'était pourtant une bourgade du bled constantinois où les Algériens musulmans étaient largement majoritaires. « Fleurait bon » au passé, car plus tard, le village reprit son nom originel de Chelghoum Laïd, antérieur à la période coloniale.

Châteaudun-du-Rhumel et Chelghoum Laïd, deux noms pour ce même petit bourg où Zaki et Suzanne décidèrent de vivre, eux dont le destin serait également marqué par une double identité, une double appartenance. Pour Zaki, trop de choses avaient changé contre son gré. La vie avait des exigences qui le métamorphosaient, tel le passage à la condition d'homme marié. Le départ de sa ville natale qu'il aimait tant, Sétif, constitua pour lui une déchirure. Une valise à la main, il marchait, au côté de cette jeune fille devenue sa femme dans les rues de Châteaudun-du-Rhumel, en direction de leur nouvelle demeure de jeunes mariés. L'endroit dégageait une douceur qui convenait à Suzanne. Ils l'avaient choisi pour s'éloigner de leurs parents et commencer leur vie de couple. Mais pour lui, la vie commune débuta par un souvenir ressurgi d'une première discorde, une histoire d'enfance, un souvenir d'antan qui implorait : « Écoutez-moi ! J'existe ! »

Zaki avait neuf ans et jouait avec son ami Dahan dans les terrains vagues le long des remparts byzantins de Sétif. Ils contemplaient les chiens sloughis très fins et élancés qui rôdaient en meute. Ils admiraient ces bêtes nobles et majestueuses que les Berbères utilisent pour la chasse ou pour les courses. Ils auraient tant aimé s'en rapprocher, mais ils étaient intimidés par leur stature. Ils tentaient de dominer leur crainte pour caresser ces chiens superbes au moins une fois. Ils n'y parvenaient pas.

Lors d'une vadrouille ultérieure dans le désert à la rencontre des sloughis, ils réussirent à se rapprocher d'une meute, à mieux les observer. Puis, rebroussant chemin, ils entendirent subitement un jappement dans leur dos. Ils se retournèrent et virent un chiot sloughi à leurs pieds. Interdits, ils continuèrent leur chemin. Émerveillés, ils constatèrent que le chiot les suivait. Une fois éloignés de la meute, ils s'arrêtèrent. Zaki, enchanté et comblé, prit le petit sloughi dans ses bras. Il pouvait enfin le caresser sans crainte : ils s'étaient adoptés.

Dahan et Zaki décidèrent de prendre soin de lui. À cette fin, ils barricadèrent secrètement une partie du jardin à l'arrière de la maison de Zaki. Un jour, revenant de l'école, Zaki s'aperçut que le chiot avait disparu.

Lorsqu'il rentra chez lui, sa mère Smeha lui déclara :

— Mon fils, pas de chien dans notre maison !

— Mais qu'as-tu fait du chien, Maman ? demanda-t-il, la gorge serrée.

— Pas d'animaux chez nous, il n'en est pas question. Oublie cet animal, et ne m'en parle plus !

Non seulement il n'avait pas oublié ce chiot, mais cette mésaventure avait bouleversé l'enfant qu'il était. Pourquoi sa propre mère l'avait-elle séparé de ce chiot ? Pourquoi n'avait-elle pas tenu compte de l'affection qu'il concevait pour cet animal ? Zaki en était resté terriblement frustré, au point de penser que c'était lui qui était indésirable dans la maison.

Bien des années plus tard, dans la nouvelle bijouterie que Zaki monta dans le bourg, à Châteaudun-du-Rhumel, un ami lui proposa de troquer un chiot sloughi que sa chienne avait mis bas contre un bijou qu'il destinait à son épouse. La frustration d'antan remonta en lui comme une plaie ouverte. Enfin, il pourrait avoir ce chien si longtemps désiré, mais il ne vivait pas seul. Suzanne allait-elle, elle aussi, bouder et passer outre à son amour des animaux ? Serait-elle plus conciliante que sa mère ? La mettre devant le fait accompli serait plus simple pour bénéficier de son indulgence. Elle lui apporterait à coup sûr son soutien. S'il en désirait un à ce point, elle n'allait certainement pas le décevoir.

Ce soir-là, le cœur battant, Zaki était redevenu le môme de Sétif. Son émotion et ses craintes étaient semblables à celles de sa première rencontre avec le chiot sloughi de son enfance. Il rentra à la maison avec le chiot dans les bras, cette fois pour affronter sa femme.

— Regarde, Suzanne.

— Qu'est-ce que tu nous as amené ?

— Il est mignon, non ?

— Il est mignon, Zaki, d'accord, mais… Excuse-moi, je ne supporte pas les chiens à la maison.

Un lourd silence s'installa. Le chiot lécha les mains de Suzanne et elle le caressa.

— Ma mère non plus ne voulait pas de chien à la maison… Maintenant, c'est ma femme qui n'en veut pas, je n'ai pas de chance, dit Zaki à voix basse, le sourire plein d'amertume.

— Mais qu'cst-cc qu'on va faire d'un chien ?

— Tu sais, Suzanne, un animal, ça apporte beaucoup à une famille. Donne-lui une chance, s'il te plaît.

— Tu aurais pu me poser la question avant !

— C'est un client qui me l'a proposé et je ne voulais pas rater l'occasion, alors j'ai dit oui tout de suite. C'est tout.

Suzanne caressa à nouveau le chiot sloughi. En fixant les yeux du chien, elle croyait l'entendre dire : « Alors, qu'est-ce qu'on fait ? Tu vas me laisser repartir errer dans le désert ? » Au moment où elle poussa un long soupir, Zaki comprit qu'il venait de gagner la partie.

C'est peu de temps après l'arrivée du chiot nommé Satna que vint au monde, le 1er août 1934, leur premier enfant : une fille, qu'ils appelèrent Fortunée.

Le bébé grassouillet grandit en même temps que Satna. Les affaires marchaient bien. Les bracelets en or que Zaki réalisait étaient très demandés à cette époque. Zaki se consacrait corps et âme à son travail. Les journées étaient longues. Une fois la bijouterie fermée, la comptabilité et le rangement de la boutique l'occupaient encore, si bien qu'il rentrait tard le soir, fatigué, mais satisfait, accompagné de Satna. Le travail de son mari faisait la fierté de Suzanne. Mesurant sa chance d'avoir un mari dévoué au travail et plein d'attention pour leur enfant, Suzanne sentait s'éveiller en elle des sentiments amoureux dans ce mariage arrangé. Elle vécut alors des jours heureux avec sa fille et son mari. Quand Fortunée fit ses premiers pas, Suzanne, impatiente de montrer ces prouesses à son mari, décida d'amener la petite à la bijouterie. En fin de journée, le cœur léger, elle se dirigea vers la boutique avec la petite dans la poussette. Arrivée à la hauteur du magasin, elle jeta un regard à l'intérieur et ce qu'elle vit lui serra le cœur… Elle s'éloigna alors discrètement du commerce.

Elle y avait cru. Elle voudrait y croire encore. Elle avait eu la conviction de pouvoir construire une famille solide. C'était si facile de rêver d'une famille heureuse, d'un jardin fleuri, de rires et de caresses, du bonheur simple d'une petite fille qui apprenait à marcher devant le regard émerveillé de ses parents. Seulement voilà, il s'avérait que ce mari était un homme qui aimait les femmes. Il offrait un de ses bracelets à cette femme qui avait eu pour lui un sourire enjôleur, puis à cette autre et à cette autre encore… Jusqu'au jour où il rentra chez lui et trouva une maison vide. Suzanne n'était plus là, leur fille non plus. Avec son bébé, elle était repartie chez ses parents, à Constantine.

— *Abenti*, ma fille, s'exclama son père, tu nous amènes la petite princesse ! *Emouna*, viens voir, Suzanne est ici avec la petite Fortunée !

Rahamim et Edmond, ses frères, arrivèrent au salon et la serrèrent dans leurs bras. Edmond souleva bien haut la petite fille qui se mit à rire aux éclats. Lorsqu'Edmond la reposa à terre, elle fit quelques pas vers sa mère.

— *Bessaha*, bravo ! Ma parole, c'est qu'elle marche, cette petite ! s'écria son grand-père.

Suzanne resta muette et s'enfonça dans un fauteuil.

— Alors, il est où ton bijoutier ? plaisanta Rahamim.

Un silence de plomb s'installa dans la pièce. Soudain entra Lucien, le cadet, qui venait de se réveiller.

— Eh ! Ma grande sœur est ici ! Tu vas bien, Suzanne ?

Face à son mutisme, le malaise s'intensifia.

— Il s'est passé quelque chose ? J'ai raté un épisode ? s'enquit Lucien.

— Tais-toi ! lui intima Rahamim en lui décochant un regard sévère.

Personne n'osait dire mot. Subitement, Suzanne éclata en sanglots. Lorsque ses frères s'approchèrent pour la consoler, sa mère fit signe à tout le monde de sortir et la prit dans ses bras en essayant de la calmer. Ce jour-là, elle ne cessa de sangloter dans les bras de sa mère.

Pendant plusieurs jours, nul ne s'aventura à questionner Suzanne. Le calme était revenu, mais Suzanne ne disait toujours rien. Une semaine se passa. Enfin, lors d'un repas de shabbat, ayant retrouvé un peu de sa sérénité, elle raconta ce qui était arrivé. Ses parents l'écoutèrent patiemment, ils ne voulaient pas la brusquer. Quand elle termina son récit, ils se regardèrent d'un air entendu. Son père prit alors la parole :

— Écoute, ma fille, nous avons choisi ce garçon pour toi, car nous pensions qu'il ferait un bon mari.

— Tu appelles ça un bon mari, Papa ?

— Oui, tu as raison. Il a commis une faute grave, mais il faut lui donner une chance.

Sans mot dire, Suzanne se leva et quitta la table.

Les jours suivants, elle se promena longuement dans le quartier avec sa petite fille dans la poussette. Elle croisa plusieurs jeunes gens de son âge qui ne l'avaient pas oubliée. Ils vinrent la saluer et prendre de ses nouvelles.

Deux semaines à peine s'étaient écoulées depuis son retour à Constantine quand l'inattendu se produisit. Plusieurs garçons vinrent rendre visite à son père durant le shabbat, après l'office de la synagogue. Ils prirent une anisette bien fraîche et coulèrent des regards à la jeune femme. Celle-ci ne pouvait s'empêcher d'y lire quelques promesses d'affection, de respect et de douceur. Tout en s'occupant de son bébé, elle leur adressait parfois un sourire aussi triste que timide, discret toutefois afin de ne pas les laisser entrevoir la moindre approbation d'engagement dans une nouvelle relation.

Salomon, son père, n'était pas dupe. Lorsque ces jeunes gens venaient lui souhaiter *Shabbat Shalom*, il les recevait cordialement. Sa femme et lui semblaient ne plus vouloir intervenir dans les choix de Suzanne, comme s'ils reconnaissaient implicitement que le leur n'avait pas été le plus judicieux. Elle se sentait plus apaisée et, en même temps, prit conscience que le cours de sa vie pouvait changer. C'était à elle de prendre une décision : soit de retrouver son mari, soit d'aller vivre auprès d'un homme qui l'aimerait et l'écouterait. Devant le doute qui s'installait, son père lui suggéra de rejoindre son mari malgré tout : « Les débuts seront peut-être difficiles, mais tu verras, Suzanne, tu seras fière et heureuse de ta belle famille. »

Quelques jours plus tard, Zaki se présenta chez ses beaux-parents, lèvres pincées, le dos courbé. Au fond, l'abattement et la déception de Suzanne lui étaient douloureux et pénibles. Il ne désirait en aucun cas faire du mal à cette jeune fille devenue sa femme, qui lui avait donné un enfant et consentit à adopter le sloughi qu'il aimait tant. Cette jeune fille avait toujours été là pour lui. Mais fallait-il absolument se rendre chez eux ? N'était-il pas plus raisonnable d'en finir avec cette expérience conjugale ? Seulement voilà, Smeha, sa mère, l'avait expédié en manifestant sa colère, énumérant les qualités de la jeune épouse qu'elle avait repérée pour lui. En chemin, une question épineuse lui traversa l'esprit : était-il possible de vivre auprès d'une épouse placée dans une situation irréversible ? En effet, il était attiré par les femmes, par leurs formes et l'arrondi de leur corps. Il n'était pas fait pour la monogamie.

En arrivant chez les parents de Suzanne, il leva les yeux et reconnut la terrasse où il avait eu la première discussion intime avec Suzanne et lui avait offert un bracelet spécialement conçu pour elle. C'est peut-être à ce moment-là qu'il aurait pu expliquer à sa femme : « Écoute, Suzanne, tu m'as l'air d'une personne bien, avec beaucoup de qualités. Tu mérites d'être heureuse et de vivre auprès d'un garçon qui t'aime, sur qui tu peux compter. Seulement voilà, je ne suis pas cet homme-là, je ne suis pas encore prêt à fonder une famille. Pardonne-moi et sois heureuse. » Mais il ne lui dirait rien. Il préférerait satisfaire ses parents et ne pas être l'obstacle à la réunion des deux familles.

Devant ses beaux-parents, il marmonna quelques mots d'excuse et quémanda une deuxième chance. Suzanne accepta, à condition de rester à Constantine près de ses parents et qu'il se sépare de Satna. C'est le cœur lourd que Zaki rendit Satna à son premier maître. Zaki, Suzanne et Fortunée furent de nouveau réunis.

Chapitre V
Réconciliation

Suzanne fit ses valises. Celles-ci résistaient à sa tentative de les boucler, comme pour lui déconseiller de quitter ses parents. Même sa fille, la petite Fortunée, lui faisait des scènes accablantes pour la dissuader de partir en quête d'une nouvelle maison et d'une nouvelle vie à Constantine. Elle était toutefois décidée à garder pour sa fille le cadre rassurant d'un foyer avec une mère et un père. Préserver les enfants ? C'était donc là sa devise pour les années à venir ? Était-ce une erreur, une illusion afin d'échapper à un sentiment de culpabilité qui l'aurait envahie si elle avait quitté son mari ? Fallait-il vraiment lui laisser une chance ? Saurait-elle l'apprivoiser jusqu'à lui faire oublier les autres femmes ?

L'infidélité de son mari l'avait profondément blessée, ce qui n'ôtait rien au talent d'orfèvre de celui-ci. Pour redonner du sens à leur vie de couple, elle lui fit part d'une idée qui lui avait traversé l'esprit : participer à la vente des bijoux qu'il façonnait.

— Es-tu sûre de vouloir faire une chose pareille ? demanda Zaki.

— Oui, j'en suis sûre. Fais-moi confiance !

— Ne préfères-tu pas rester avec les enfants ?

— Je trouverais une solution, *matrafch*, n'aie crainte.

Et c'est ainsi que Suzanne entra dans le monde des affaires…

Cette collaboration établit une certaine harmonie dans le couple, un équilibre d'autant plus bienvenu que Suzanne se débrouillait très bien dans la vente des bijoux. Elle osa même faire du porte-à-porte, avec un franc succès. Les femmes arabes étaient subjuguées par les bracelets et les colliers que Suzanne étalait devant elles. Elle révélait un savoir-faire qui l'étonnait elle-même. Chargée d'une valise remplie de trésors, elle s'aventurait à parcourir en bus les quartiers de Constantine, ne reculant guère à sillonner les alentours. Zaki aurait voulu la dissuader, mais il hésitait à lui dire : « Suzanne, reste à la maison, c'est trop dangereux. Ne t'aventure pas sur les chemins avec cette chaleur. Tu ne sais pas sur qui tu peux tomber, une mauvaise rencontre est vite arrivée. » Il brûlait d'envie de mettre fin à ses escapades, mais il faisait preuve de retenue : pas un mot. Mieux valait céder : il n'était pas en position d'exiger quoi que ce soit, pensait-il.

Quelques mois plus tard, pendant leur dîner, Suzanne et Zaki entendirent des coups à la porte. Leurs regards inquiets se croisèrent. Zaki eut une intuition, mais il n'osa y croire. Il ouvrit la porte. Satna pénétra dans la maison. À bout de forces, le chien sauta sur Zaki malgré son épuisement, remuant la queue, tout heureux de retrouver son maître.

— Satna, mon chien ! s'exclama Zaki en le serrant contre lui.

Émerveillée par l'amour inconditionnel du chien pour son maître, Suzanne lui donna à boire en déclarant : « Au moins, en voilà un qui est fidèle ! »

Satna le sloughi avait parcouru plus de cent kilomètres depuis Sétif pour retrouver Zaki ! Bien que touché par ce retour inattendu et non moins extraordinaire, Zaki prit l'initiative de le ramener deux jours plus tard à Sétif, sans même essayer d'attendrir Suzanne.

Tout comme la bijouterie, la famille prit de l'ampleur. La petite Fortunée fut suivie, en janvier 1936, par Mauricette Gisèle, plus connue sous le nom de Gigi. Suzanne fut ravie de donner ensuite naissance à un garçon nommé Alfred. La cérémonie de circoncision remplit Zaki de fierté. Le mariage était fécond, les grands-parents étaient comblés.

Tandis qu'un nouvel être venait au monde, un autre s'éteignait : Machlouf, le père de Zaki, cet homme aux grands yeux verts sous un large front, souffrait d'un goitre qui le fit succomber. Il était dans l'ordre des choses qu'un enfant enterre son père. En dépit de la joie que lui procurait la naissance de ce premier garçon, Zaki fut éprouvé par la perte soudaine de son père. Suzanne était déjà enceinte de cinq mois de son quatrième enfant. Pendant les sept jours du deuil, ce fut elle qui accueillit tous ceux qui souhaitaient rendre un dernier hommage à Machlouf, observant la tradition juive qui dispensait la famille endeuillée de s'occuper des visiteurs.

Le deuil des sept jours accompli, Smeha, la mère de Zaki, déclara vouloir vivre seule : « Je n'ai besoin de personne. Je reste chez moi aussi longtemps que possible, et si je dois un jour quitter ma maison, c'est dans le foyer de Zaki que j'irai vivre mes derniers jours. » Ces propos ne surprirent personne.

Chapitre VI
Dieu, où es-tu ?

Et Satan répondit à l'Éternel : est-ce d'une manière désintéressée que Job craint Dieu ? Ne l'as-tu pas protégé, lui, sa maison, et tout ce qui est à lui ? Tu as béni l'œuvre de ses mains, et ses troupeaux couvrent le pays. Mais étends ta main, touche à tout ce qui lui appartient, et je suis sûr qu'il te maudit en face. L'Éternel dit à Satan : Voici, tout ce qui lui appartient, je te le livre ; seulement, ne porte pas la main sur lui. Et Satan se retira de devant la face de l'Éternel.

Job I, 11-12

La fierté et la nervosité régnaient chez la jeune famille Nabet. Le cœur battant, Zaki mena son fils à la synagogue, où toute l'assistance était venue voir ce premier garçon et bénir Zaki : *Bessaha*, *mabrouck,* et autres invitations à la joie. Cependant, ce beau jour marqua également pour Suzanne et Zaki le commencement d'une traversée du désert, accablante, éprouvante, sans nul soleil à l'horizon.

Cette nuit-là, Suzanne dormait profondément. Soudain, elle bondit du lit, s'inquiétant du silence qui régnait dans la maison. N'aurait-elle pas dû être réveillée brutalement par les cris de son enfant ? Pourtant, aucun bruit autour d'elle, pas même le ronflement de Zaki. Le petit Alfred ferait-il déjà sa nuit complète ?

« Alors, mon fils, tu n'as pas encore faim ? », demanda-t-elle en caressant affectueusement la joue du bébé, mais celle-ci était froide. Elle souleva le corps de l'enfant et déposa ses lèvres sur son front. Le bébé était inanimé. Épouvantée, elle réveilla Zaki et tous deux partirent en catastrophe avec le nourrisson à l'hôpital.

Une époque placée sous le signe de Job fit irruption dans la famille Nabet. La joie des naissances était anéantie au berceau par le fléau de la mortalité. Il n'y avait pas de vaccin à cette époque en Afrique du Nord. La diphtérie décima un grand nombre d'enfants. La jeune famille ne fut pas épargnée.

Zaki se tenait debout devant le petit cercueil d'Alfred, son premier fils, qui n'avait même pas fêté son premier anniversaire. Les épaules affaissées par le chagrin, sous sa chemise déchirée en signe de deuil, Zaki récita la prière des morts, le kaddish, renonçant à contenir ses larmes :

Ytgadal vé ytkadash chémé raba bealma di bera khirhoute ve yamlich pourkané ve yékarev méshihé.

Le malheur ne s'arrêta pas là pour Zaki et Suzanne. Hôte indésirable, il continua de frapper à leur porte, car la maladie emporta également leur fille aînée. Zaki se retrouva à nouveau récitant le kaddish devant un cercueil, celui de la petite Fortunée. Ce fut un second déchirement. Dès lors, toute leur affection se reporta sur la petite Gigi, espérant qu'elle au moins continuerait d'emprunter le chemin de la vie, si brutalement interrompu pour Alfred et Fortunée.

Zaki faisait mine de poursuivre un semblant de routine dans sa bijouterie.

Un soir qu'il était dans son atelier au fond du magasin, il entendit la porte de la boutique s'ouvrir. Il sortit accueillir le dernier client de cette journée :

— Bonjour, Monsieur, puis-je vous aider ?

L'homme se tourna vers lui et répondit :

— Bien sûr, mon fils.

— Papa, qu'est-ce que tu fais ici ? demanda Zaki, livide.

— Réjouis-toi, mon fils, je suis venu t'annoncer que je vais retrouver ma place parmi vous. Pour une courte durée seulement, après je repartirai, car je dois m'en aller définitivement.

— Mais qu'est-ce que tu dis, Papa ? Tu ne fais plus partie de ce monde !

— Je reviens chez vous, mais pour un temps très court. À bientôt mon fils !

Et il n'était déjà plus dans la boutique…

— Papa, Papa ! Écoute-moi !

Zaki se réveilla en sursaut.

— Qu'est-ce qu'il y a, Zaki ? Pourquoi trembles-tu ? s'inquiéta Suzanne.

— C'était mon père.

— Comment ça, ton père ? Qu'est-ce que tu racontes ?

— Il est venu et il m'a parlé.

— Machlouf t'a parlé ?

— Oui ! Il m'a dit qu'il demeurerait encore avec nous quelque temps, puis qu'il repartirait… Enfin, c'est ce que j'ai compris !

— T'en as de la chance que ton père soit venu te parler dans un rêve. Moi, personne ne vient me voir de l'au-delà.

Un deuxième garçon, Sassi-Chaloum, vint au monde après cet événement quelque peu étonnant. Ses yeux verts et son large front ressemblaient étrangement à ceux de Machlouf, son grand-père.

Un jour que Suzanne langeait le bébé, elle en fit la remarque à Zaki :

— *Shema Israël*, mon Dieu, regarde ton fils ! Ce petit, c'est ton père tout craché ! Que Dieu ait son âme !

— C'est vrai qu'il lui ressemble…

Zaki ne termina pas sa phrase. Le revenant n'avait-il pas prédit qu'il ne resterait pas longtemps parmi eux ?

Ni Suzanne ni Zaki n'osaient en parler. Les mois passaient et ils priaient fortement que le petit Sassi-Chaloum reste en vie et que la prophétie du songe ne se réalise jamais. Mais le grand-père avait eu raison. La visite fut de courte durée. Âgé d'à peine neuf mois, le bébé fut lui aussi arraché à la vie. Il ne restait plus que la petite Gigi, elle deviendrait l'aînée. Telle une rescapée de la catastrophe, elle serait, pour notre fratrie, un symbole sacré.

Accablés, Suzanne et Zaki ne comprenaient pas pourquoi une telle calamité s'abattait sur eux, enfant après enfant. Ces années plombées par les deuils auraient pu les détruire, mais c'est ensemble que Suzanne et Zaki affrontèrent la douleur. Si Zaki avait pensé un temps en finir avec sa vie de couple, à présent il n'en était plus question, il continuerait de vivre auprès de Suzanne. Il ne pouvait plus fuir. Il tiendrait tête et résisterait au mauvais sort et à la fatalité, car la tragédie persisterait.

Bien des années ont passé depuis, et je me demande encore comment ils ont pu surmonter ces drames successifs, où ils ont trouvé la force de vivre « jusqu'au jour d'aujourd'hui », comme disait ma mère Suzanne. Je l'ignore. Je revois Suzanne, les yeux embués de larmes, nous répéter : « Mes enfants, vous ne savez pas ce qu'on a enduré ».

Chapitre VII
Une famille unie

Les vents du désert, chargés de sable, enveloppaient Constantine d'une couleur jaunâtre. Une épaisse poussière recouvrait les maisons et rendait la ville méconnaissable. Ces tempêtes de sable claquemuraient les gens chez eux. Mais outre les tempêtes qui tourmentaient la population algérienne, le climat social et politique secouait lui aussi la vie des pieds-noirs et des musulmans, en ce mois de mars 1940. Pour la jeune famille Nabet, déjà abattue par les deuils, l'atmosphère lourde du pays avec les premiers combats de la Seconde Guerre mondiale terrorisait Suzanne. Elle ne reconnaissait plus l'Algérie de son enfance, celle de l'insouciance.

Le pays souffrait de l'exode rural consécutif à la rude misère qui frappait les campagnes. Les inégalités s'aggravaient entre musulmans et Européens. C'était l'aube du nationalisme algérien. Dans ce tohu-bohu environnant, Suzanne en était à son neuvième mois de grossesse et tentait de conserver un semblant de routine. Elle préparait pour la fête de Pourim qui approchait des *makroudes*, ces gâteaux à la semoule et aux dattes. Brusquement, elle cessa ses pâtisseries. Une douleur qu'elle reconnut immédiatement montait en elle et l'immobilisa. Après quelques contractions, elle sentit les eaux couler le long de ses jambes. Le soir même, le 10 mars 1940, elle mit au monde une fillette qui reçut le nom de Pierrette, son cinquième enfant qui naquit comme elle, à Constantine. L'arrivée de l'enfant ne fut pas pour Zaki une source d'accalmie. Tout son être ne supportait plus cette ville. Il voulait briser les murs derrière lesquels il se sentait cloîtré. Il voulait quitter Constantine, scène de tant de sinistres événements. Il avait en tête de retourner à Sétif, sa ville natale. Il était convaincu que le cauchemar de leur destin s'éclipserait dans les étendues désertiques qui séparent les deux villes. Évidemment, cela éloignerait Suzanne de ses parents, mais que fuyait-il d'autre, au juste ? Désirait-il seulement se séparer de ses beaux-parents ? S'imaginait-il qu'en déménageant, Suzanne et lui jetteraient au fond des cartons leur incapacité à communiquer, leur difficulté à instaurer une compréhension réciproque ? Une vie de couple ne se laisse pas enfouir dans un carton que l'on vide en l'ouvrant à l'arrivée. L'enchevêtrement des difficultés conjugales continuerait à les faire souffrir.

Zaki prétexta qu'il souhaitait se rapprocher de sa mère, veuve depuis peu, ce que Suzanne comprit aisément. Le couple finit par s'installer à Sétif avec Gigi et la petite Pierrette. À Sétif, Zaki était heureux de retrouver ses repères, de humer le parfum des rues et celui de son enfance, dont il avait été longtemps éloigné. Mais la ville était secouée par des événements violents. Zaki réalisa que le péril était proche, mais ne révéla rien de son inquiétude.

La petite Pierrette grandissait, débordait d'énergie et propageait la joie dans la maison. Toutefois, son apparence était surprenante.

— Ne t'inquiète pas, Zaki, c'est bien ta fille ! dit Suzanne, sarcastique.

— Mais je sais, je sais, répondit-il, baissant la tête.

Ses cheveux blonds et ses yeux bleus suscitaient la perplexité de ses parents et de tout leur entourage : la génétique est décidément une science bien mystérieuse.

Mystérieux et improbables aussi étaient les lourds nuages d'hostilité qui assombrissaient le ciel de Sétif. Les manifestations des nationalistes en 1945 pour fêter la capitulation allemande et la fin de la Deuxième Guerre mondiale débordèrent en graves affrontements pour l'indépendance. La répression des Français fut sanglante et aucune accalmie n'était en vue. Cette époque irréversible pour l'histoire de l'Algérie connut un tournant violent.

Par prudence, Smeha, la mère de Zaki, leur conseilla de s'éloigner de Sétif. À contrecœur, ils bouclèrent une fois de plus valises et cartons, qu'ils posèrent cette fois à Bordj-Bou-Arreridj, à soixante kilomètres de là. Zaki était déçu. Sétif n'avait rien d'extraordinaire, mais c'était toute son enfance.

Le « Bordj de ces temps-là » (c'était l'expression de Suzanne) était, aux yeux de son mari, un village sans histoire et sans émotion, un village sans intérêt. C'est là pourtant que la famille s'agrandit. Ce fut d'abord Rolande, la petite brune amusante dont le caractère enjoué déclencherait plus tard des parties de fou rire. Puis, Mireille, une fille très fine aux yeux vifs et aux cheveux de soie, réclamant dès l'enfance justice et intégrité. Cinq naissances, cinq filles. Suzanne, enceinte pour la huitième fois, était très inquiète. Il lui fallait absolument mettre au monde un garçon. Les deux premiers, Alfred et Sassi-Shaloum, n'avaient pas survécu. Suzanne souhaitait ardemment un garçon, ainsi que toute sa famille.

Obsédée par cette préoccupation, Suzanne ne rentra pas immédiatement chez elle ce soir-là. Assise sur un banc du parc, le regard anxieux cloué au sol, elle se demandait ce qu'elle ferait si une autre fille venait à naître. Ses relations avec Zaki étaient si décourageantes qu'il serait accablant pour elle de mettre au monde une sixième fille. Plongée dans ses pensées, la tête entre les mains, elle entendit subitement une voix caverneuse. Elle se redressa et vit alors un homme très grand passant rapidement, qui prophétisa devant elle, sans s'arrêter, sans même la croiser du regard : « Essuie tes larmes, Suzanne. Ne te tracasse pas. Dieu t'envoie un garçon. » Elle tenta de rattraper cet homme, mais il avait disparu.

Le jour venu, elle se sentit doublement délivrée quand la sage-femme déclara : « Félicitations, Suzanne, vous avez un très beau garçon. »

Effectivement, Jean-Jacques, le beau gosse aux yeux bleus, un enfant farceur et turbulent, mit fin à l'incertitude de ses parents. Pour terminer la liste des naissances au village de Bordj-Bou-Arreridj, le neuvième enfant fut Arlette, une petite brunette à qui l'on chantait

« Arlette la gargoulette, elle est passée par la fenêtre », ce qui la faisait bondir de colère. Ces enfants survivraient tous au péril des maladies infantiles de leurs aînés, mais ils grandiraient dans une époque secouée par la lutte algérienne contre l'armée française.

Dès qu'un semblant de calme fut rétabli, l'impatience de Zaki l'incita à quitter Bordj-Bou-Arreridj pour revenir enfin dans sa ville natale. En 1947 donc, les parents et leurs six enfants : Gigi, Pierrette, Rolande, Mireille, Jean-Jacques et Arlette s'installèrent rue Massinissa à Sétif, non loin des arcades. À quelques encablures de là, se trouvait jadis la petite pharmacie où Zaki avait osé faire ses premiers pas dans le métier dont il rêvait, avant que son père ne contrarie ses projets. Pour accéder à leur nouvel appartement à Sétif, il fallait pousser une porte en bois dont la couleur partait en lambeaux. Derrière cette porte se trouvait une vaste cour rectangulaire, que l'on appellerait plus tard « la cour des prodiges ». Elle laissait apparaître un escalier en pierre qui menait à l'unique étage et à plusieurs appartements la surplombant. Notre famille était installée dans l'appartement du fond, à droite.

Zaki loua, plus haut dans la rue, un petit local pour son commerce et son atelier de bijouterie. Rapidement, sa boutique prospéra. Suzanne ne cessait d'arpenter les rues de la ville et de sa banlieue pour vendre des bijoux. Comme on l'a déjà vu, elle avait le sens des affaires. Elle y trouvait un exutoire à sa douleur et à l'inquiétude qui la tourmentaient depuis la disparition dramatique de ses deux fils et de sa fille. Sa sérénité d'esprit s'était envolée à tout jamais. Jour et nuit, des questions venaient la hanter : « Comment protéger mes enfants ? », « Dois-je m'alarmer à chaque poussée de fièvre ? », « Faut-il courir chez le médecin à la première toux ? » Son cœur était le théâtre d'un combat intérieur entre ses angoisses lancinantes et la nécessité de retrouver le calme. Elle posait souvent la main sur le front de ses enfants : « Pourvu qu'ils ne tombent pas malades ! » Et ce petit qui était déjà dans son ventre, qu'allait-il devenir ? Malgré tous ses efforts, elle était comme une boule de nerfs. Souvent, sa foi refaisait surface et, en silence, elle priait l'Éternel miséricordieux de ne plus lui infliger des épreuves toujours plus difficiles à surmonter. Combien de fois l'ange de la mort pouvait-il frapper à la porte des Nabet, la faux à la main ?

De son côté, Zaki s'efforçait de fuir son malheur en s'activant à son travail de joaillier. Dans son atelier, il était l'artiste et le maître incontesté dans son domaine. Cet art attirait Jean-Jacques, qui fut le premier garçon à avoir échappé à la mort. Au grand bonheur de ses parents, il dépassa l'âge du danger et devint l'aîné des garçons. De retour de l'école, subjugué par la poésie qui émanait de la poussière dorée, Jean-Jacques allait observer l'artisan actionnant son soufflet pour faire fondre l'or qui coulait dans les moules à bijoux. Une fois le métal refroidi, son père limait et ciselait les bagues et les bracelets, leur attribuant des profils et des reliefs d'une grâce et d'une finesse qui fascinaient l'enfant. Après avoir terminé, Zaki saisissait une pelle étroite et une fine balayette afin de récupérer la poudre dorée. Ce travail délicat et précis lui rappelait-il ses préparations en pharmacie ? Jean-Jacques était captivé par le travail de son père, comme hypnotisé. Il aimait s'asseoir près de lui pour l'observer sans le déranger, s'en approcher et l'écouter parler de son métier, lui expliquer, lui raconter.

Zaki continuait à prendre soin de sa personne. Ma sœur Mireille dira plus tard qu'il était le papa le plus beau du monde. Le bel homme qu'il était voulait donner le change, mais en vérité il ne s'était jamais remis des calamités qui s'étaient abattues sur lui. À l'instar du pauvre Job biblique, la dépression ne le quittait plus. Avoir lu à trois reprises le kaddish devant le cercueil de ses enfants avait été une expérience cruelle. Alors, pour chasser ses angoisses, il se consolait dans les bras d'autres femmes. Le plus souvent, après sa longue journée de travail, il noyait son chagrin au bar du quartier « Chez Chapon ». Il en ressortait ivre, mais sans jamais tituber, puis regagnait la rue Massinissa. Il n'était nullement enclin à faire le mal, mais dans la vie conjugale, il était plein de contradictions. La peine qu'il infligeait à Suzanne le faisait souffrir aussi. Paradoxalement, la famille était précieuse pour lui. Oui, cette petite femme au corps fin, aux longues boucles châtaines et à l'âme solide lui était chère, tout comme ses enfants.

Jamais il n'avait rechigné à s'occuper d'eux, et ce depuis leur plus jeune âge. Il n'avait pas oublié son métier d'apothicaire. Quand les hivers survenaient avec les jours de fièvre enfantine, il nous massait, puis il mettait en œuvre le traitement magique, pittoresque, et quelque peu sorcier : les ventouses. Pour les enfants, le grand spectacle allait commencer ! La scène des ventouses nous fascinait. Ces petites cloches de verre qui adhéraient au dos d'un frère ou d'une sœur, c'était comme un tour de magie. Debout autour du lit des parents où était allongé le corps fiévreux de l'enfant, nous étions tous ébahis. Zaki plaçait soigneusement les ventouses sur une table à proximité du lit, puis prenait une longue cuillère ou le manche d'une louche et enveloppait son extrémité de coton et de tissu imbibés d'alcool à 90°. Il l'enflammait alors et faisait tourner la flamme à l'intérieur d'une ventouse pour la réchauffer avant de la coller immédiatement sur le dos de l'enfant. Quand la cloche aspirait la peau et restait flanquée sur le dos, on entendait un petit « boufff ».

Ces moments de rassemblement nous soudaient. Ils faisaient de nous une famille unie pendant le traitement, à l'image des ventouses placées les unes à côté des autres sur le dos de l'enfant malade. Les soins que mon père nous dispensait m'impressionnaient. Je craignais à chaque fois que les ventouses ne carbonisent celui qui était là, couché sur le ventre, soumis à cet étrange manège. Chaque fois, j'étais stupéfait de voir combien le malade était paisible. Dans mon esprit d'enfant, une question surgissait : quand j'aurai moi-même des enfants, serai-je capable de poser des ventouses sur leur dos ? J'en étais terrifié. D'ailleurs, ce spectacle m'effrayait tellement que j'opposais toujours un refus catégorique à ce traitement cruel et barbare quand il m'était destiné.

— Allez, mon fils, courage. Il le faut, tu as de la fièvre, me soufflait ma mère. Il faut absolument qu'on te soigne, sinon tu ne pourras pas aller à l'école.

— Non, non et non ! Et puis, j'veux pas aller à l'école.

Même Louise, notre voisine, essayait de me convaincre :

— Après tu viendras chez moi, j'aurai une surprise pour toi.

Je refusais. Ma vie valait plus que toutes les surprises.

— Je te laisserai glisser sur mon parquet avec les patins de feutre…

— D'accord, mais pas les ventouses…

Alors, mon père perdait patience, il saisissait la grande cuillère ou la louche et grognait : « On perd du temps et j'ai encore du travail. » Il ordonnait à mes frères : « Tenez-le ! » Ils s'y mettaient à quatre et la peur me faisait hurler comme un supplicié. Lorsque mon père plaquait la ventouse sur mon dos, bizarrement cela me détendait. Une fois le tour de magie terminé, Louise, l'adorable voisine, se penchait vers moi, couché sur le ventre avec mes ventouses sur le dos et reniflant. Elle me consolait :

— Tiens, je t'ai apporté une surprise, tu as été courageux !

— Courageux mes fesses ! riaient aux éclats mes frères et sœurs.

Plus que jamais mes parents donnaient l'impression de vivre des vies parallèles, comme les rails d'un chemin de fer qui ne se croisent que très rarement avant de se séparer à nouveau. Suzanne endossait son rôle de mère de famille et de commerçante, Zaki continuait à se consacrer à l'orfèvrerie dans son atelier. Tous deux priaient en silence pour que rien n'arrive à leurs enfants. Ils redoutaient une nouvelle épreuve qu'ils ne pourraient pas surmonter, pensaient-ils. Rien ne leur importait plus que la santé de leurs enfants, ou plutôt la survie de leurs enfants.

Mais l'accalmie prit fin ce soir de décembre. Pendant que Suzanne se promenait à Sétif avec ses filles, près de la grande fontaine d'Ain El Fouara, « la source qui jaillit », Gigi s'éloigna de sa maman pour admirer la statue de cette majestueuse femme au milieu de la fontaine. L'enfant eut l'idée d'escalader le muret de la fontaine et de faire le tour du monument, les bras écartés pour maintenir son équilibre, afin d'observer de tous côtés cette statue qui l'intriguait. Après un premier tour sans encombre, elle décida d'en faire un second, mais perdit l'équilibre et glissa dans l'eau glacée. Suzanne avait continué son chemin en tenant Rolande par la main lorsqu'elle entendit un cri strident venant de la fontaine.

« Gigi ! » hurla Suzanne, prise de panique, en accourant vers l'enfant. Elle la sortit prestement de l'eau avant qu'elle ne se noie. Elle pensa l'emmener à la maison pour la changer et la réchauffer, mais la petite avait du mal à respirer, aussi préféra-t-elle se rendre sans attendre à l'hôpital et consulter les médecins. Ils tirèrent Gigi d'affaire et s'employèrent à calmer et rassurer ma mère qui sentait l'angoisse serrer sa poitrine :

— Votre fille ira bien, ne vous inquiétez pas.

Mais un autre ajouta :

— En auscultant votre enfant, nous avons décelé une fragilité cardiaque. Ne pleurez pas, Madame, ne vous affolez pas, elle n'a que huit ans et, pour l'instant, tout va bien. Mais il faudra suivre cela à l'avenir. Votre fille devra subir des examens complémentaires.

Chapitre VIII
Nernara

L'Algérie restait en proie à de vives tensions. Les temps incertains se prolongeaient. À Sétif également, le calme n'était pas près de revenir. Le couvre-feu était déclaré et chaque soir l'armée française s'acharnait sur la population, tentant de surprendre à domicile les rebelles des mouvements nationalistes hostiles au gouvernement français. Ceux qui se battaient pour libérer l'Algérie de la domination française étaient systématiquement arrêtés. Ce soir d'automne, une jeune femme aux tresses noires et aux yeux bruns hâtait le pas pour rentrer chez elle avant le couvre-feu. Elle se nommait Nernara. Elle portait une longue robe noire serrée et un manteau bleu marine à capuche. Elle traversait les rues de Sétif d'une démarche saccadée, regardant droit devant elle. Une fois arrivée dans la chambre où elle habitait avec son mari, elle fut soulagée de le voir. Connaissant ses activités, elle craignait le pire et chaque soir remerciait Allah que son époux soit sain et sauf. Immédiatement, la prudence dicta à la jeune femme de fermer les volets et de verrouiller la porte.

Vêtu d'une djellaba claire et d'un keffieh d'où dépassaient ses cheveux, son mari était assis tranquillement à table, au centre de la pièce. Le logement était modeste. Au milieu du sol en terre battue se trouvait un foyer où brûlait le feu pour se chauffer et cuisiner. À droite, quelques casseroles étaient empilées, une cuvette était posée à côté de la cruche qui servait à recueillir l'eau de la fontaine. Contre le mur, une corbeille en osier laissait entrevoir des vêtements. Un matelas de paille couvert de laine servait de lit et, sur une grande peau de mouton auprès du matelas, leur fils Mahmoud, un garçon de trois ans, dormait paisiblement.

Ce soir-là, le visage arrondi de Nernara semblait épanoui : elle avait deux nouvelles à annoncer à son mari. La première était la promesse d'un deuxième enfant.

— Je commence déjà à sentir des petits coups de pied ! s'exclama-t-elle, radieuse.

— Ah oui ! Je le sens ! dit Faed, après avoir posé la main sur le ventre de sa femme, il a déjà beaucoup d'énergie ce garçon !

— Comme son père ! Mais c'est peut-être une fille, dit-elle en riant.

— L'autre bonne nouvelle, c'est que j'ai trouvé une place pour travailler dans une famille. Ce sont des Juifs, des gens chaleureux. Ils ont six enfants. La mère s'appelle Suzanne. Je l'ai rencontrée ce matin au marché, elle a le contact facile et rassurant, je l'ai tout de suite appréciée. Je l'ai aidée à porter ses sacs jusqu'à la rue Massinissa quand j'ai remarqué qu'elle était enceinte. Chose étrange, elle m'a déclaré : « Mais toi aussi, ma fille, tu attends un bébé ! » Pourtant, je n'avais rien dit et j'ignore comment elle l'a découvert, vêtue comme je l'étais. En arrivant chez elle, elle m'a offert un café et nous avons bavardé. Je crois qu'elle m'a appréciée puisqu'elle m'a demandé si je pouvais m'occuper de ses enfants. Sans hésitation, j'ai accepté. J'ai pensé que tu pourrais ainsi te consacrer à tes activités de résistance sans avoir à t'inquiéter du gagne-pain.

— De toute façon, tout cela ne va pas durer, dit Faed.

— Que veux-tu dire ?

— Tôt ou tard, les Français partiront.

— *Inch Allah* ! Mais est-ce que tu n'es pas trop optimiste ?

— Nernara, l'Algérie sera un pays indépendant, je te le promets, dit-il presque en chuchotant.

— D'où tiens-tu cela ?

— Ils n'auront pas le choix, le général de Gaulle retournera sa veste.

— Ce n'est pas ce que l'on entend dans ses derniers discours.

Faed répéta à voix basse :

— Patience, un jour le Général retournera sa veste.

Cette nuit-là, Nernara et Faed allèrent se coucher avec le sentiment de vivre une époque historique.

Soudain, au beau milieu de la nuit, un choc brutal interrompit leur rêve d'indépendance. Des soldats français avaient défoncé la porte. Ils pénétrèrent en trombe dans le gourbi. Terrorisée, Nernara se mit à hurler et l'enfant éclata en sanglots en entendant les coups de feu. En un instant, les balles perforèrent le corps de Faed. Dans la minute qui suivit, les soldats étaient repartis, laissant la jeune femme terrifiée auprès du corps de son mari qui baignait dans le sang. Désemparée, elle quitta sa modeste demeure et prit la fuite en courant avec son fils. Elle trouva refuge chez Suzanne et Zaki. Suzanne la serra dans ses bras et tenta de la calmer. Peu à peu, Nernara cessa de pleurer. Elles couchèrent l'enfant traumatisé, et la jeune femme raconta à ses hôtes le cauchemar qu'elle venait de vivre et le danger auquel elle était elle-même exposée dorénavant.

Depuis, lorsqu'elle arpentait les rues de Sétif et apercevait un soldat français, Nernara prit l'habitude de cracher au sol pour déverser sa haine, dès que celui-ci s'éloignait. Elle s'était promis de venger son époux, de réaliser son rêve de voir un jour l'armée française et les pieds-noirs quitter l'Algérie. Elle était maintenant convaincue qu'elle poursuivrait sa lutte. Non, il ne serait pas mort en vain. Coûte que coûte, il fallait obtenir cette indépendance : Faed la méritait, tout le peuple d'Algérie la méritait, pensait-elle. N'était-elle pas en train de s'égarer dans des convictions utopistes ?

Chapitre IX
La cour des prodiges

La vie de Suzanne prit un nouveau tournant. Elle semblait s'être transformée depuis leur installation à Sétif, rue Massinissa. En un rien de temps, elle impressionna son voisinage par ses gestes attentionnés. Désintéressée, elle tendait la main aux familles, quelles qu'elles soient. Ses initiatives sociales et médicales étaient louées. Elle devint cette voisine appréciée de tous, dont l'aide était précieuse et très souvent salutaire. Chez elle, l'entraide et la convivialité débordaient, proliféraient comme les racines d'un arbre. Les femmes admiraient son tempérament et sa force de caractère.

Son enthousiasme était comme le vent frais qui soufflait sur ce quartier de Sétif. La toile que Suzanne dessinait par ses actions avait les couleurs vives d'une destinée qu'elle prenait dorénavant en main et, au cœur de ce tableau, trônait « la cour des prodiges ». Dallée de grandes pierres, cette cour au cœur même de l'immeuble, entourée par l'ensemble des appartements, avait une allure de chef-lieu.

Une telle vigueur chez cette femme, un tel dévouement pour autrui jusqu'à s'oublier elle-même, alluma une lueur d'espoir dans la vie de ses voisines. C'était une manière de lutter contre la soumission des femmes arabes, de les remettre en valeur dans ce pays où le pouvoir des hommes n'était jamais contesté. On pouvait y discerner quelque chose de sa propre colère devant l'immense déception qu'était sa vie conjugale. Il était temps d'ensoleiller l'existence de ses sœurs d'adoption.

L'une d'elles, Aïcha, une femme kabyle d'origine maraboutique, se rapprocha de Suzanne, la femme juive. Elle ne prêtait que peu d'attention à ce qui les différenciait. Son estime et son amitié pour elle avaient pour source l'inspiration que lui procuraient ses activités. Un jour, alors que son fils de cinq ans tremblait de tout son corps à cause d'une énorme plaie infectée à la jambe, Aïcha décida de faire appel à Suzanne. Elle la supplia :

— Je t'en prie, Suzanne, aide-moi ! Aide mon fils ! Cela fait longtemps déjà qu'il est blessé. Malheureusement, ça ne passe pas. Il a de la fièvre et je suis très inquiète, tu comprends ? Je n'arrive pas à le soigner, ajouta-t-elle en plein tourment.

Le regard serein de Suzanne la rassura.

— Ne t'inquiète pas Aïcha, amène-moi l'enfant et attends dans la cour. J'arrive tout de suite.

Quand Suzanne revint après être allée chercher trousse à pharmacie, pommade, alcool, bande et coton, elle s'installa avec calme sur un tabouret au beau milieu de la cour. Elle entrouvrit la plaie avec douceur afin d'extraire sans difficulté la purulence. La plaie désinfectée, il n'en resta plus qu'un mauvais souvenir. Alors, Aïcha se rapprocha de Suzanne et l'embrassa sur le front.

— *Ohti,* ma sœur, merci ! Grand merci ! Tu ne peux pas savoir combien je te suis reconnaissante !

— Ce n'est rien ma fille, je le fais de bon cœur, sourit Suzanne.

Dès le lendemain, Aïcha lui apporta un délicieux ragoût de viande qu'elle venait de préparer, la remerciant encore et encore. Elle était fière, délivrée, heureuse, les mains tendues vers la sauveuse qui se tenait toute droite devant la porte d'entrée. Suzanne sentit la gêne l'envahir, mais elle n'en montra rien. Ce ragoût n'était pas casher. Comment aurait-elle pu ne pas honorer une offre si généreuse ? Aïcha ne remarqua pas la moindre hésitation dans le regard de Suzanne. Contente, elle repartit, remplie d'ardeur dans les ruelles de Sétif où la nouvelle se répandit comme une traînée de poudre : « Je vous assure ! Mon enfant n'a rien senti pendant qu'elle lui enlevait toutes ces mauvaises choses ! » À d'autres, elle ajoutait : « Elle a des mains en or, ma voisine juive ! Croyez-moi, elle sait y faire ! »

Les moukères n'eurent aucun mal à se convaincre des mérites de leur nouvelle voisine. Sur les recommandations enthousiastes d'Aïcha, la cour fut vite remplie d'enfants traînés par leur mère pour solliciter l'aide de Suzanne. Cet espace devint une salle d'attente improvisée, même lorsque le soleil était de plomb. Une queue se formait continuellement, la confiance était totale. Suzanne recevait patiemment, gratuitement, un à un, les petits blessés. Toutes les mères lui vouaient un respect profond et sincère.

La cour reprenait vie. La journée, on venait y retrouver Suzanne et les enfants enfin soulagés. La nuit, elle se transformait en un lieu quelque peu mystérieux.

Ce fut une nuit d'été que retentit le premier spectacle dans la cour des prodiges. Un événement folklorique eut lieu en son beau milieu. Il faisait chaud. Les enfants couraient dans la maison et malgré leurs cris, Suzanne entendit un bruit qu'elle reconnut : c'était le son d'une darbouka. Les curieux en culottes courtes gagnèrent, en quelques pas de course, le balcon qui surplombait la cour. « C'est vraiment la cour des prodiges ! » s'écria Gigi. Les enfants voulurent voir de plus près. Là, un homme noir et maigre habillé d'une longue djellaba blanche, l'air un peu sorcier, vocalisait des mots incompréhensibles. C'était un marabout. Les marabouts étaient craints et respectés de peur qu'ils ne jettent le mauvais sort. Celui-ci était le frère aîné d'Aïcha.

La lumière était faible, le noir gagnait en velouté. Dans la chaleur de la nuit, cinq femmes, les yeux fermés, se balançaient de gauche à droite et de droite à gauche sur les dalles encore tièdes de la cour, au rythme lancinant de la darbouka, élevant l'esprit vers de hautes sphères spirituelles. Elles murmuraient le même air que le marabout. Les battements lents de la darbouka résonnaient de partout. Les petits contemplaient ce rituel, cachés derrière la rampe du balcon de crainte d'être vus. Mais le marabout et les cinq femmes en transe, plongés dans un état second, n'avaient plus conscience de leur entourage.

La cadence s'accéléra peu à peu et les spectateurs eux aussi furent transportés par le rythme. Les enfants étaient hypnotisés par ces mouvements saccadés. Des corps entiers tremblaient devant eux. Effrayés, ils se poussaient pourtant pour mieux voir. Quelle soirée hallucinante… Suzanne surgit et arracha ses enfants au spectacle de cette danse envoûtante. « Rentrez à la maison ! murmura-t-elle. Il ne faut pas regarder ! Allez ! Rentrez ! » La ribambelle courut jusqu'au salon et rejoignit les chambres. Il était temps de dormir et de rêver. Quant à Suzanne, elle était fascinée. Une fois le sommeil des enfants assuré, elle ne put s'empêcher de sortir sur le balcon et de continuer à observer la danse mystique et les ondulations de cette cérémonie rituelle. À cet instant, les cinq femmes se roulaient au sol, Suzanne tremblait d'émotions, figée, bouleversée, elle suivit la danse ensorcelée, jusqu'à la fin.

Quelques jours plus tard eurent lieu les fêtes musulmanes. La cour des prodiges devint extrêmement animée et joyeuse. Là encore, les enfants furent témoins d'un spectacle nouveau.

— Maman ! Maman ! s'écrièrent-ils en escaladant les marches quatre à quatre.

— Maman ! De gros ballons vont bientôt s'envoler dans le ciel ! Viens voir !

— Des gros ballons ? demanda-t-elle, étonnée. Où ça, mes chéris ?

— Là ! Il y a des hommes qui gonflent, et gonflent, et gonflent, avec leurs grosses joues, de gros ballons à longs poils ! expliqua Gigi.

Et la petite gonfla ses joues pour mimer la scène qu'elle venait tout juste d'observer avec stupéfaction dans la cour.

— C'est vrai, Maman ! ajouta Rolande, émue. Viens voir ! Des hommes gonflent des moutons !

Suzanne recula d'un pas.

— Des moutons ? Des hommes gonflent des moutons ? Qu'est-ce que vous racontez ?

— Viens voir ! reprirent-ils en cœur.

La famille prit place au balcon. En contrebas, Suzanne vit ce qui surexcitait les enfants. Le long des robinets, des hommes perçaient un petit trou dans la chair des moutons qui venaient à peine d'être égorgés. Les animaux étaient suspendus au bout d'une corde et des hommes les gonflaient à tour de rôle, devenant eux-mêmes des ballons tout rouges. Ils devaient se relayer pour ne pas perdre complètement leur souffle. La tâche semblait rude. Ils ne cessaient de grossir leurs joues afin que la peau du mouton se sépare de la chair. « Effectivement, c'est impressionnant ! » lâcha Suzanne. « C'est quoi, Maman ? » Elle prit les petits par les mains et leur expliqua que c'était la fin du ramadan. En vertu de la tradition, il était de coutume de sacrifier un mouton, comme Abraham avait failli sacrifier son fils. Ils empruntèrent ensemble l'escalier afin de retrouver la cour festive et les familles assemblées. Il était temps de souhaiter de joyeuses fêtes aux voisins, même si certains détournaient les yeux du sort des animaux.

Ce n'était pas la seule fonction de la cour des prodiges. On y démêlait aussi les affaires sociales. Un matin, Aïcha entra dans la cour et appela Suzanne. Elle prononça quelques mots à peine compréhensibles, tout en lançant des regards gênés. Après avoir profondément respiré, elle se décida à dire les choses de but en blanc :

— Je te cherchais, Suzanne. Dis, ça marche bien ton commerce ?

— Oui, très bien ! répondit Suzanne, un peu étonnée des manières étranges de sa voisine. Et toi, ton petit garçon, il se porte mieux ?

— *Hamdoulila !* Dieu merci, il va bien ! Suzanne… Je peux te poser une question sans que tu te vexes ?

— Mais bien sûr, je t'écoute.

— C'est-à-dire que… voilà… Tu nous aides, tu nous soignes. Mais… pourquoi tu ne viens pas au lavoir dans la cour avec nous pour laver ton linge ? Regarde, il y a plusieurs robinets ! Tu vois, c'est pratique. Et comme ça, entre nous réunies, on discute, on rigole… En fait, on dirait que tu es mal à l'aise avec nous autres… C'est le cas ?

Aïcha reprit une bouffée d'air. Elle s'était confiée en retenant son souffle, déballant les mots d'une seule traite. Suzanne fut soulagée. Elle comprenait enfin l'anxiété terrible qui se dégageait de son amie.

— Mais pas du tout ! Oh ! Ma chère Aïcha ! Tu sais, bien souvent, je n'ai simplement ni le temps ni la force de descendre le linge. Vous, vous êtes au rez-de-chaussée ! Regarde-moi ! Je préfère faire ma lessive à la maison, ça va bien plus vite et c'est moins éprouvant !

— Comme tu veux ma sœur, reprit alors Aïcha. Pas de problème. Mais… À vrai dire, il y a autre chose… Le bon ragoût de viande que je t'ai préparé, eh bien, tu ne l'as même pas goûté.

— Ma fille ! Il était sûrement très bon ton ragoût ! Je n'en doute pas ! Mais, c'est à cause de ma religion. Je ne mange que de la viande casher, comme toi tu manges la viande halal.

— Ce n'est pas la même chose ? interrogea Aïcha.

— Non, malheureusement ! Mais il ne faut surtout pas te vexer pour ça !

— Au contraire ! Justement, je t'en parle, parce que, vois-tu, ici les gens t'apprécient et t'estiment. Bon, je leur dirai de ne pas te remercier avec un ragoût de viande !

Aïcha lança un clin d'œil malicieux. Suzanne éclata de rire. Au même moment, la porte en bois de la cour grinça, ce qui ne manqua pas de faire sursauter les deux femmes. Elles se retournèrent immédiatement et virent un couple dans l'embrasure.

— Oh ! Pas possible ! s'exclama Aïcha. Un revenant ! Celui-ci, ça fait longtemps qu'il n'a mangé ni halal ni casher !

— Il a l'air bien vivant pourtant ton revenant, s'esclaffa Suzanne.

L'homme qui entra dans la cour portait un costume gris et une cravate bleue. Son élégance, aussi sobre, fut-elle, dépassait la mesure. Il portait deux valises à la main. Mais ce qui retint leur attention fut la présence d'une jeune Européenne blonde à ses côtés. Elle avait de grosses lunettes de soleil noires et était vêtue d'une robe blanche qui tombait seulement jusqu'aux genoux. Une large ceinture bleu marine marquait sa taille. Elle détonnait singulièrement dans le paysage.

— Alors, Youssouf, tu nous reviens de loin, et bien accompagné à ce que je vois ! s'étonna Aïcha.

— Salut à toi, chère Aïcha. Et bonjour à vous, Madame.

Suzanne fit un signe de la tête.

— Je vous présente ma femme, Murielle. Nous nous sommes mariés en France et nous voilà rentrés au pays, lança-t-il en guise d'explication à son retour inattendu.

— Bienvenue parmi nous, Murielle ! répondit Suzanne, le plus chaleureusement possible.

— Enchantée, Mesdames, répondit-elle très poliment.

Debout, au milieu de cette cour qu'elle trouvait certainement lugubre ou dépaysante, la jeune Française se mit à observer les murs qui l'entouraient. Un léger sourire, insondable, s'afficha sur son visage.

— *Mabrouk !* Félicitations ! s'enthousiasma Aïcha. Youssouf, Murielle, si vous avez besoin de quoi que ce soit, n'hésitez pas ! Nous sommes là, d'accord ?

— Il faut juste lui apprendre à préparer les mets de chez nous, répliqua Youssouf en souriant.

— Ah, ne vous inquiétez pas pour ça ! dit Suzanne avec un grand sourire. Installez-vous d'abord !

— Tu peux être fière d'elle, elle est très belle ta femme ! déclara Aïcha.

— Et j'en suis fier ! sourit l'heureux marié.

— Allez ! Bonne journée à vous, Mesdames ! ajouta Murielle, impatiente.

— À vous aussi ! répondirent les deux femmes en cœur.

Alors que leurs pas les conduisaient vers leur nouvelle demeure, Aïcha suivit fixement les jeunes mariés du regard.

— Je ne veux pas être rabat-joie, mais je ne sais pas combien de temps elle va tenir !

— Il y a des gens qui quittent Paris pour chercher l'exotisme, fit remarquer Suzanne.

— Tu te trompes, Suzanne ! Cette dame-là a surtout besoin de vitrines ! Elle sent la métropole à plein nez !

— Dans ce cas, il nous faudra l'aider à s'intégrer. Allez, j'y vais aussi, ma chère Aïcha.

Les premiers mois qui accueillirent les nouveaux mariés passèrent tranquillement, mais un phénomène se produisit. Les apparitions de Murielle, éclatante de grâce, de jeunesse et d'énergie, se firent rares au point qu'elle disparut progressivement, comme les derniers tapis de coquelicots en fin de saison. Elle passait désormais la majeure partie de son temps derrière les barreaux de sa cuisine. Au début, Suzanne pensa que cette absence était due à leur emménagement. Puis, elle se dit qu'après tout, ce n'était peut-être pas la place d'une Européenne de se mêler à ses voisines arabes et juives. Il s'avéra que la situation était bien différente !

— Vous ne comprenez pas Suzanne ? Je ne peux sortir d'ici qu'avec lui ! C'est un enfer ! Je n'en peux plus…

— Calmez-vous, Murielle ! murmura Suzanne.

— J'ai tout essayé ! Je veux juste sortir d'ici ! Je veux me sauver ! Suzanne, je vous en prie, je veux repartir chez moi !

— Vous en êtes certaine ? À ce point-là, Murielle ?

— Je vous en supplie ! Suzanne, aidez-moi ! Je suis malheureuse ici. Je ne veux de mal à personne. Je veux juste m'en aller. Elle sanglotait : je ne sais pas ce que je vais devenir ici. Je ne peux pas m'adapter dans ces conditions. J'en viens même à me languir du froid et de la grisaille parisienne.

— Vous aimez toujours Youssouf ?

— Ce n'est pas de ce Youssouf que je suis tombée amoureuse. Si vous saviez… Je ne le reconnais plus.

— C'est vrai que les mœurs et les coutumes sont ici très différentes, avoua Suzanne d'un air désolé.

— Je ne tiendrai pas longtemps. Et je ne veux pas lui faire de mal.

— Murielle, vous êtes sûre de vouloir tout quitter ?

— Tout quitter, Suzanne ? Mais je n'ai rien qui me retient ici !

— Alors, prenez le prochain bateau pour Marseille !

— Si seulement je le pouvais, pleura de plus belle Murielle.

— Mais enfin, qu'est-ce qui vous en empêche ? Donnez-moi votre passeport et votre carte d'identité, et je m'en occupe si vous le souhaitez.

Murielle sembla presque s'écrouler face à Suzanne.

— C'est impossible ! Il m'a pris tous mes papiers !

— Vous n'avez plus de papiers ?

— Non. Je ne sais plus quoi faire.

— Cessez de pleurer, je vais voir ce que je peux faire.

Atterrée par la nouvelle, Suzanne voulut agir rapidement. Combien de temps Murielle allait-elle encore subir cette détention ? L'étroitesse des rues de Sétif devait lui sembler comme un océan de liberté lors de ses courtes promenades avec Youssouf… Comment n'avait-elle pas saisi la détresse de l'Européenne bien avant qu'elle ne l'avoue ?

Le cœur lourd, mais bien déterminée à aider Murielle, Suzanne se dirigea non plus en direction du marché, mais dans celle du consulat de France. L'administration française ne laisserait certainement pas l'une de ses citoyennes subir un pareil sort. Lorsqu'on lui offrit une chaise pour s'asseoir, Suzanne conta sans tarder le récit de la Française. Séquestration, papiers confisqués, désir de retrouver sa famille et son pays… Les mots résonnaient dans le bureau, comme tant d'autres avaient déjà dû le faire.

— Madame, nous vous remercions, mais nous n'avons pas le droit de fournir des pièces d'identité sans la présence de la personne intéressée. C'est illégal.

Suzanne dut se retenir pour ne pas crier sa déception.

— Monsieur, cette femme est au bout du désespoir. Il n'y a que vous pour l'aider.

— Madame, elle doit se présenter en personne.

— Monsieur, elle est séquestrée ! Ce n'est pas difficile à comprendre qu'elle ne peut pas se déplacer !

Rien n'y fit. Le règlement administratif laissa Suzanne bredouille, qui repartit frustrée. C'était sans compter sur sa détermination incroyable.

— Alors, Suzanne, implora Murielle de sa fenêtre, ils t'ont fourni les papiers ?

— C'est en cours, ne t'inquiète pas, ma chérie.

— C'est vrai ? Ça va aboutir, tu crois ?

— Comment je crois ? J'en suis sûre ! s'exclama-t-elle, rassurante.

Elle ne pouvait laisser Murielle plonger dans le désespoir. À travers elle, Suzanne revendiquait sa propre cause. Il ne dépendait que d'elle de choisir : prendre la clé des champs ou rester auprès de ses enfants. Rentrée chez elle, toujours sur la corde raide de sa destinée, elle comprit que son dévouement pour autrui était en fait une manière de surmonter sa propre condition, le désespoir qui était le sien. Sa détermination à soulager la souffrance des autres avait un sens : elle y trouvait une sérénité, une relativité à sa propre existence dont elle tirait de la force, à l'instar d'un blessé de guerre qui retourne au champ de bataille pour secourir des blessés plus graves. Elle se résolut à se présenter au consulat tous les jours pour plaider la cause de cette femme qu'elle entendait pleurer en cachette. Elle dut subir les yeux moqueurs du personnel, attendre des heures qu'un moment lui soit accordé et s'insurger du peu de cas fait à une concitoyenne en danger.

À force de persévérance, son souhait finit par se réaliser. Le consulat de France délivra les papiers tant attendus, auxquels ils joignirent même un billet de bateau pour le retour à Marseille. Le moment était venu.

Il fallut attendre un jour où Youssouf était absent pour que la délivrance ait lieu. Suzanne aida Murielle, toute flageolante, à descendre par l'une des fenêtres ! La jeune Française serra si fort sa providence dans les bras que Suzanne comprit l'ampleur du mal qu'elle avait enduré en silence.

— Voici tes papiers et ton billet de bateau, Murielle. Fais un bon voyage et bon retour chez toi !

— Merci Suzanne ! Merci !

— Ne traîne pas ! Tu as un bateau à prendre. N'oublie rien ! Et bon voyage !

Les bras de Murielle enlacèrent à nouveau Suzanne avec vigueur. Puis, ses mains descendirent jusqu'à l'anse de sa valise. En quelques minutes, elle avait disparu.

Ce jour-là, le soir tomba lentement. Le ciel offrait des nuances de couleurs si fortes que le velours sombre de la nuit enveloppa plus tardivement cette émotion nocturne. Dans la petite cour, un cri de déchirement résonna alors que les rouges, les oranges, les roses et les verts s'effaçaient doucement. « Murielle ! Mon amour ! Elle m'a quitté ! Elle est partie ! » hurlait Youssouf dans la cour. Des sanglots hachaient ses plaintes. Aïcha et Suzanne le rejoignirent. Leurs ombres disparaissaient peu à peu. Le ciel tombait lourdement sur eux.

— Que se passe-t-il, Youssouf ? demanda Suzanne avec calme.

— Vous n'avez pas idée de ce qui s'est passé ! hurla Youssouf qui perdait tout contrôle.

Aïcha soupira.

— D'abord, calme-toi. Et raconte-nous.

Youssouf se mit à parler.

— C'est ma chère femme… Murielle… Elle m'a quitté ! Elle est partie !

Il se remit à hurler.

— Cher Youssouf, moi, je pense que c'était prévisible, le consola Aïcha.

— Tu as bien fait de lui rendre sa liberté, ajouta Suzanne.

— Non ! J'ai tout fait pour qu'elle reste ! Elle n'a pas pu disparaître comme ça !

— Pourquoi pas ? continua Suzanne. Elle a pris ses affaires, elle est repartie, c'est tout.

— Elle ne pouvait pas partir !

— Comment ça, elle ne pouvait pas partir ? interrogea Aïcha, se rapprochant de Youssouf pour éviter qu'il ne s'effondre.

— J'ai honte, répondit le mari, épuisé.

— Qu'as-tu fait Youssouf ? demandèrent les deux femmes.

Il baissa la tête comme un enfant coupable. Son visage était rouge de remords.

— J'ai pris ses papiers. Voilà pourquoi elle n'a pas pu partir. On ne disparaît pas sans ses papiers.

— Comment, Youssouf ? Tu n'as pas fait ça ! s'exclama Aïcha. Tu ne peux pas séquestrer ta femme !

Sanglotant, il répétait :

— Mais je l'aime ! Je l'ai fait par amour !

— Bon, après tout, elle n'est peut-être pas bien loin, elle va revenir, avança Aïcha, sans grande conviction.

— Les placards sont vides ! Sa valise n'est plus là ! Elle ne reviendra jamais ! Jamais ! Comment a-t-elle fait ?

— Youssouf, reprends-toi et cesse de pleurer ! implora Aïcha.

— Parfois, Youssouf, quand on aime vraiment, on rend la liberté à l'être aimé. C'est mieux comme ça, tu ne crois pas ? murmura Suzanne.

La nuit était noire et intense. L'on ne distinguait plus le visage des trois voisins, noyés dans l'encre des cieux. Suzanne sourit, imaginant Murielle sur le pont du paquebot.

Chapitre X
Une langue salvatrice

Depuis que Nernara prêtait main-forte aux travaux ménagers, Suzanne avait recommencé à sillonner les banlieues de Sétif afin de commercialiser les bijoux de son mari. Ce matin-là, la tête appuyée contre la fenêtre du train qui desservait les villages des environs de Sétif, elle regardait le paysage qu'elle trouvait quelque peu terne. La couleur monotone qui s'offrait à son regard ne parvenait guère à l'extraire de ses songes. Elle restait accrochée à sa besogne de porte-à-porte, comme un vagabond errant dans une fuite existentielle. Sa valise de bijoux serrée entre ses bras, elle visitait les moukères dans les villages pour leur vendre les œuvres de son mari. Chaque joyau était comme un fardeau de sa vie de couple qu'elle transportait dans sa solitude. L'amour fidèle dont elle rêvait tant s'effilochait à grande vitesse, tel le paysage fuyant du train. Une impression d'échec, à laquelle se mêlaient amertume et chagrin, l'habitait. Et cette valise… Cet objet de voyage et de liberté devenait un moment intermédiaire entre la douleur qu'elle devait dissimuler auprès des siens et les émotions qui emplissaient son être pendant les longues heures de route. Suzanne se dévouait corps et âme à sa famille. Mais pour quoi, pour qui ?

Ses longs déplacements tourmentés la rendaient impatiente de rentrer chez elle pour que cesse cette vaine méditation. Au cours de ces tournées, Suzanne nouait une complicité accrue avec les femmes arabes qu'elle rencontrait. Son contact quotidien l'incitait à connaître leurs goûts, leurs préférences, ce qui favorisa l'expansion de son commerce. Grâce à cette proximité, elle fut en mesure de comprendre plusieurs dialectes arabes et kabyles, ce qui, un jour, lui sauva la vie.

Un soir, après une longue journée de travail, Suzanne rentrait chez elle, éreintée. Elle tenait à la main sa valise de bijoux, la recette du jour enfouie dans l'une de ses poches. La gare était proche de la maison, aussi prit-elle le temps de marcher dans les ruelles qu'elle aimait fréquenter, évacuant peu à peu les mauvaises pensées qui se bousculaient encore dans sa tête. Soudain, elle sentit la présence de deux hommes. Elle tourna la tête et vit qu'ils portaient de longues djellabas. Un grand couteau ornait leur ceinture. Il n'y avait là rien d'extraordinaire. Cependant, Suzanne comprit rapidement que les deux hommes la talonnaient. Elle emprunta de petites ruelles pour s'assurer qu'ils la suivaient réellement. Pour les semer, elle pressa le pas et se dirigea rapidement vers la cour de son immeuble. Elle réussit à franchir seule la porte qui s'ouvrit d'un coup, comme si elle avait ordonné : « Sésame ouvre-toi ! » Sauvée ! Elle était sauve ! Épuisée, elle gravit les escaliers et s'installa dans la cuisine, au premier étage. Sa valise marchande devenait un butin qui pouvait lui causer de graves ennuis… Suzanne ne perdit pas de temps. Elle se servit un grand verre d'eau et commença à compter l'argent de la recette, attendant son mari, bien entendu absent. Une fois la tâche terminée, elle rangea le tout, enfila une robe fine et belle et s'assit sur la terrasse. Elle était seule. Un moment rare… Après les fêtes, ses enfants étaient restés chez leur oncle.

Suzanne sourit et leva son visage en direction du ciel d'un azur éclatant. Les rayons du soleil lui caressaient les paupières et les joues. Qu'il faisait doux en cette fin de journée, pensa-t-elle, rêveuse. Sa nature active reprit le dessus et, en quelques secondes, elle était déjà debout. On pouvait la voir depuis le voisinage, élégante et joyeuse, plier de grands draps. Ses longs cheveux bruns tombaient joliment sur ses épaules. Elle resplendissait de beauté. Trois bracelets d'or ornaient son bras droit et résonnaient tels des carillons à chacun de ses mouvements. Un vent agréable soufflait légèrement au-dessus des toits. Le visage serein de Suzanne illuminait cette petite terrasse.

Tout à coup, elle entendit des pas dans l'escalier. Immédiatement, une expression grave effaça le calme qui avait précédé. Elle eut un mauvais pressentiment. Était-il possible que… ? Avant même qu'elle eût le temps de réagir, les deux hommes en longues djellabas, le couteau bien visible à la ceinture, avaient réussi à ouvrir la porte de son appartement. Ils étaient là, au beau milieu de la cuisine ! D'en bas, ils l'avaient aperçue… Comment avaient-ils deviné qu'elle était seule ? Mais il n'était plus temps ni de s'interroger ni d'essayer de comprendre ce qui était désormais l'évidence.

Les bandits s'adressèrent à elle dans un dialecte kabyle qu'elle comprit, grâce à ses voyages entre Sétif et Constantine.

— Sers-nous à boire, ma belle ! dit l'un d'eux en tournant autour d'elle.

Elle s'exécuta et leur servit un verre d'eau. Le second homme allait de-ci, de-là, cherchant sans doute la valise que Suzanne avait ramenée. Consciente de la gravité de la situation, elle sentit de grosses gouttes de sueur couler le long de son dos. Mais elle ne se laissa pas paralyser par la peur. Il n'était pas question de se laisser faire !

Soudain, elle s'adressa à eux en kabyle, affectant la bonne humeur :

— Eh bien ! On va faire la fête, Messieurs ?

— Bien sûr, ma belle ! C'est pour ça qu'on est venus !

— C'est bien ce que je pensais ! continua Suzanne d'une voix douce et enjouée. Mais avant, on va mettre de l'ambiance. Et après, je suis à vous, mes amours…

Suzanne commença alors, contre toute attente, à chanter très fort en arabe, dialecte et langue que les Kabyles ne comprennent pas. Poursuivant son idée, elle se mit également à danser, en tapant du pied sur le plancher de la cuisine, toujours souriante et pleine de gaieté.

— Au secours ! Au secours ! À l'aide, mes chers voisins ! Deux hommes sont chez moi et veulent me tuer, chantait-elle joyeusement.

Elle répéta son appel plusieurs fois.

— Eh, la belle ! Fais moins de bruit et finis ta danse ! s'impatientèrent les gaillards.

Elle chanta encore plus fort en arabe : « Ils veulent me tuer, venez vite ! »

— *Ohti*, Suzanne ! s'écria Aïcha qui entendit l'appel depuis la cour. Ma sœur Suzanne ! Elle est en danger ! Vite, vite ! dit-elle à son mari qui, sans attendre, ameuta d'autres voisins.

Ensemble, ils montèrent à l'étage et entrèrent en force pour arrêter les malfaiteurs, bien surpris de cette fin inattendue. C'est ainsi que Suzanne fut sauvée. Courageuse et maline, Suzanne avait souffert toute sa vie sans doute, mais elle possédait un grand art : celui de survivre. Souvent, je me dis : « Cette sacrée Suzanne, c'était ma mère ! » Cette pensée me saisit encore. Je ne serais pas là aujourd'hui pour vous conter son histoire si elle n'avait pas surmonté ce moment de furie, cette tentative de viol et de meurtre, grâce à son sens de l'improvisation et son instinct de survie, sans oublier « l'aide de Dieu » pour reprendre son expression. Lorsque Zaki rentra, Aïcha l'appela en grondant :

— Zaki, tu n'as pas honte ? Toi, tu vas boire au café et ta femme, la pauvre… Deux Kabyles ont failli la tuer ce soir ! Tu sais ça ?

Interloqué, Zaki pâlit et essaya tant bien que mal de dissimuler son ivresse. Même soûl, il fut lucide et attentif ce soir-là. Ce qu'il découvrit l'émut. Suzanne était assise par terre, le visage éteint, impénétrable… Quelque chose avait changé en elle. S'il n'avait pas traîné ailleurs, rien de tout cela ne serait jamais arrivé. Dans un premier temps, il voulut la consoler. Péniblement, il se rapprocha d'elle et tendit son bras de façon maladroite, mais sincère, pour la réconforter. Suzanne le repoussa.

Elle lui dit seulement :

— Il faut quitter…

Il avait mal entendu. Qu'avait-elle dit ? Fallait-il se quitter ou bien quitter ensemble la ville ? Le pays ? Il n'osa pas lui demander de répéter.

Alors il tenta :

— Tu as raison, Suzanne, j'ai compris. Il faudra bien un jour quitter l'Algérie ! Ça prendra du temps, mais on va le faire !

Ces mots étaient difficiles à prononcer pour Zaki, car si la vie n'était pas toujours facile pour lui dans ce pays, il y était attaché. Il ajouta, préoccupé par cet éventuel départ :

— Maintenant, calme-toi, s'il te plaît ! C'est fini ! Allez, Suzanne, reprends-toi !

Interdite après ces paroles, Suzanne resta figée. Elle ne dit pas un mot. Ce silence était insupportable. Il ne faisait qu'accroître en Zaki le sentiment de culpabilité. « Le mauvais sort s'est attaqué à mes enfants ! Voilà que maintenant il s'en prend au corps et à l'âme de ma femme ! » se disait-il à bout de forces. Il n'y avait plus rien à dire. Toujours à terre, Suzanne tentait de se calmer. Elle pensait : « Avec toi, mon homme, nous n'irons pas loin. Toi qui aimes les femmes, et buveur de surcroît ! » Sa désillusion ne fit que s'accroître.

L'histoire de l'agression, je n'ai jamais cessé de l'entendre. La première fois, c'était un jour de l'année 1963, à Lyon. Le petit garçon de sept ans que j'étais alors venait de se faire agresser à l'école Eugène Pons. Je rentrai à la maison dépité et apeuré. Ma tendre maman, Suzanne, soigna mes blessures. Elle dit à ce petit garçon tremblant et reniflant :

— Assieds-toi, mon fils, je vais te raconter une histoire. Tu sais, j'ai connu une femme, en Algérie, qui était très courageuse. Un jour qu'elle était chez elle, de retour de l'un de ses nombreux voyages, deux hommes avec de grands couteaux sont entrés par surprise dans sa maison…

Je retins mon souffle.

— … Ce n'étaient pas du tout des hommes fréquentables, et leur dessein était bien vil. Tu devineras certainement que leur intention était de la tuer…

— Et que se passa-t-il ? demandai-je.

— Mon fils, écoute bien, murmura ma mère. Comme ces terribles hommes étaient kabyles, ils ne comprenaient pas un mot d'arabe ! Ce que fit cette femme d'Algérie fut ingénieux : elle appela à l'aide en dansant et chantant en arabe afin d'avertir ses plus proches voisins et amis !

— Oh ! C'est merveilleux ! Dis, Maman, qui était cette femme courageuse ? demandai-je.

— Oh ! Mon garçon ! Une femme que j'ai connue jadis, me répondit-elle avec un sourire.

Elle me raconta cette histoire à plusieurs reprises, afin que son enfant s'arme de courage et d'ingéniosité. Mais notre mère nous laissait dans le doute. Cette histoire était-elle imaginaire ou réelle ? À chaque fois, elle livrait un peu plus de détails, mais elle se gardait toujours d'avouer que cette femme courageuse, c'était elle.

Chapitre XI
Une belle prédiction

Dans une petite rue de son quartier à Sétif, une petite fille blonde de cinq ans à peine jouait sur le trottoir. Subitement, la gamine s'immobilisa. Sous ses pieds, la terre commença légèrement à trembler. Un bruit sourd et métallique allait en s'amplifiant. Le vacarme envahit la rue comme une vague sur la plage engloutit un château de sable. La petite fille blonde resta interdite.

D'énormes monstres à chenilles dotés d'un nez proéminent progressaient lentement dans sa direction. Sur ces monstres d'acier étaient assis haut perchés des hommes coiffés d'un casque. L'armée américaine entrait dans les rues de Sétif. Nous étions en juin 1944. Dans ce pays d'Afrique du Nord qu'ils traversaient pour la première fois, les soldats regardaient avec curiosité les rues étroites de cette petite ville. Du haut de leurs chars en mouvement, les soldats américains furent surpris de voir une petite fille blonde aux yeux bleus, ce qui n'était pas si commun en Algérie. Elle les observait, curieuse et légèrement inquiète. Un char s'immobilisa. Un des soldats fit des signes du haut de sa tourelle en direction de la petite fille blonde.

— Hé ! petite, tu vas bien ?

L'enfant sourit.

— En Amérique, j'ai une petite fille qui te ressemble avec les yeux bleus et les mêmes boucles blondes, dit le soldat.

Il avait beau avoir l'accent américain, son français était parfait. La petite fille blonde aux yeux bleus, qui n'avait pourtant pas tout compris, lui rendit un sourire et un signe de la main. Elle demeurait impressionnée par ces monstres d'acier qui défilaient devant elle.

À l'époque, le président Roosevelt ne reconnaissait pas encore le général de Gaulle comme le représentant légal de la France – la reconnaissance américaine n'aboutirait qu'en octobre 1944 – cependant, il s'était résolu à lui prêter main-forte. En juin 1944, l'armée américaine entra avec ses chars dans les rues de Sétif et dans bien d'autres villes encore, pour soutenir la population d'Algérie. Grâce à la décision du président américain, cette petite fille n'aura pas connu la cruauté nazie qui sévit en Tunisie et en Libye.

La petite fille blonde aux yeux bleus qui jouait dans les ruelles de Sétif était Pierrette, la cinquième enfant de Suzanne et de Zaki. Grâce à ces soldats venus de très loin protéger les populations de la folie humaine, grâce à ces hommes qui avaient quitté femme et enfant, la fillette perpétuerait le rire, l'amour et la vie pour des générations.

Pierrette était l'une des survivantes du malheur qui s'était obstiné sur Suzanne et Zaki lorsqu'ils étaient jeunes parents. La mort avait ravi trois de leurs enfants en bas âge : Fortunée, Alfred et Sassi. En revanche, Gisèle, Pierrette, Rolande et Mireille survécurent, puis vinrent un garçon, Jean-Jacques, et encore des fillettes, Arlette et Lucienne. Un onzième garçon, Machlouf Alain, naquit le 4 juillet 1949 à Sétif. Mais ce dernier décéda trois semaines après sa naissance. Comme immunisés contre l'adversité, Suzanne et Zaki inhumèrent l'enfant dans l'intimité, pour que la douleur prenne place en douceur.

Par la suite, l'apaisement tant attendu s'installa, et la petite fille blonde aux yeux bleus qui avait maintenant neuf ans s'avéra détenir un mystérieux don de prédiction.

Un jour d'automne 1950, la petite s'aperçut que le ventre de Suzanne reprenait des rondeurs. Pierrette posa délicatement ses mains sur le ventre de Suzanne et demanda : « Un nouveau bébé va arriver, Maman ? » « Eh oui », répondit Suzanne, presque désespérée, avec un léger sourire. Pierrette promena son index sur le ventre de sa mère et demanda : « Eh toi, là-dedans ! Es-tu une fille ou un garçon ? » Et de poser son oreille sur le ventre de Suzanne.

— Alors, demanda Suzanne, qu'a dit le bébé ?

Sans mot dire, Pierrette courut chercher quelque chose dans sa chambre, puis sortit de la maison en coup de vent.

— Mais où vas-tu, ma chérie ? demanda Suzanne.

— Je reviens tout de suite, Maman, dit-elle en courant.

Le lendemain, Suzanne prit son panier pour effectuer quelques courses. Soudain, dans la rue Massinissa, son attention fut attirée par une inscription. Elle ralentit, puis s'immobilisa. En grandes lettres, sur les murs du quartier, elle pouvait lire, dessiné à la craie : « Mon petit frère Bernard va naître le 11 février ». Suzanne reprit son chemin, le rire aux lèvres, la joie au cœur. Cette petite Pierrette a une énergie incroyable, pensa-t-elle. Ce fut pour elle comme un espoir, comme un élan, un moment de bonheur à conserver secrètement comme on garde une pierre précieuse…

C'était bien Pierrette qui avait écrit à la craie sur les murs du quartier que son frère allait bientôt naître. La fillette blonde en était sûre : ce serait un garçon, il s'appellerait Bernard et naîtrait le 11 février 1951 ! Suzanne poursuivit son chemin. Ce douzième enfant serait le dernier de la famille, pensa-t-elle gaiement.

Le même soir, revenant de sa bijouterie, Zaki demanda à Suzanne :

— Qui est ce Bernard, annoncé sur tous les murs pour le 11 février ?

— Ton prochain fils, que je porte en moi ! répondit Suzanne. Oui, c'est Pierrette qui l'a prédit !

— Cette fillette est incroyable ! Que Dieu l'écoute.

— Oui, sourit Suzanne, je crois que Dieu l'écoutera.

Et Dieu l'écouta…

Chapitre XII
Trop c'est trop !

Nernara était devenue la nourrice dynamique de toute la troupe des bambins et, dans un même temps, la bienfaitrice et la salvatrice de Suzanne. Grâce à elle, celle-ci pouvait enfin respirer. Sa présence était avant tout sécurisante. Bien intégrée dans notre famille, elle arrivait tous les matins et réveillait toute la ribambelle. Avec Suzanne, elle les habillait, leur préparait un petit déjeuner et, ouste, expédiait chacun à l'école : la maternelle ou celle des grands. Le silence revenu, commençait alors l'étape du ménage, non sans avoir flanqué à la porte Théodore, le petit chat de Mireille, qui l'effrayait en bondissant de toutes parts. Surprise, Nernara sursautait alors en hurlant : « Va-t'en, saloberi de chat, si je t'attrabe tu vas voir ! », réaction qui ne manquait pas d'amuser Suzanne et Zaki.

Ce matin-là, le calme régnait dans la maison. Suzanne était partie vendre ses bijoux et les enfants étaient à l'école. Nernara pouvait enfin entreprendre les travaux ménagers : ranger les lits pliants des enfants, balayer, épousseter, plier le linge. Plus rien ne pouvait l'effrayer, car Théodore lui aussi était parti en vadrouille. « Si seulement il pouvait ne plus jamais revenir, ce chat de malheur. Quel calme, quel repos ce serait pour moi de pouvoir travailler sans plus jamais sursauter », se dit Nernara.

Comme chaque après-midi, les enfants rentrèrent à la maison. Mireille appela son chat dans toutes les pièces : « Théodore ! Théodore ! Minou, minou, minou ! Viens mon petit chat. » Elle le chercha dans la cuisine, dans les chambres, sans oublier la cour des prodiges. Elle se tourna vers Nernara :

— Dis, Nernara, tu n'as pas vu mon petit chat ?

— Non, bas aujourd'hui.

Mireille chercha encore longtemps, mais en vain. Déçue, elle fit une pause dans ses investigations et décida d'achever la lecture de son livre. Elle ouvrait son lit pliant quand, soudain, elle découvrit Théodore bien enfoui sous les couvertures. Elle le caressa et le prit dans ses bras. Mais il était inerte et ne réagissait pas à ses caresses. Il était déjà froid. La petite pleura, réprimanda en hurlant la nourrice qui cherchait des mots pour s'excuser :

— Je ne voulais bas le tuer, vraiment je ne voulais bas le tuer. Je ne voulais bas le tuer, je te le jure, implora Nernara.

— Ne t'inquiète pas, elle va bientôt se calmer, la rassura Suzanne.

Mireille, en larmes, partit enterrer son chat et ne tarda pas à pardonner sa mort à Nernara, qu'elle aimait beaucoup.

Le mois de février 1951 approchait. Tout le monde était curieux de savoir si Pierrette avait bien prédit la naissance de son petit frère.

Ce jour-là, à leur retour de l'école, les enfants demandèrent :

— Qu'est-ce qu'on mange aujourd'hui, Maman ?

Aucune réponse ne se fit entendre.

— Elle est où, maman ? demanda Jean-Jacques.

— Votre mère est à l'hôpital ! annonça Nernara, joyeuse.

— Pourquoi ? Elle est malade ? s'inquiéta Arlette.

— Mais non, elle va accoucher de son douzième enfant ! répondit-elle gaiement.

— Bien sûr, s'écria Pierrette, nous sommes le 11 février !

Elle grimpa sur son lit, surexcitée, faisant grincer les ressorts du sommier en criant : « Mon frère Bernard est né le 11 février ! Bernard est né le 11 février ! »

— Pierrette, descends du lit. *Ya wild Hram*, espèce de sauvage, tu vas te casser la figure, et le lit en même temps, gronda Nernara.

Mais Pierrette n'en faisait qu'à sa tête. Elle continuait de chanter, rebondissant sur son lit. Bernard était né le 11 février 1951, sa prédiction s'était réalisée. Comment avait-elle fait ? Intuition ? Chance ? Don… ?

Quelques mois plus tard, ce fut au tour de la nourrice d'accoucher d'un deuxième garçon de son second mari. Angoissée, Nernara fut contrainte, dans cette atmosphère conflictuelle et dangereuse, de réclamer l'aide de Suzanne. Elle était certaine que c'était la seule personne capable de l'aider.

— *Yemouna ohti* (c'était le deuxième nom de Suzanne), mon fils Amir n'arrête pas de pleurer. Aide-moi, je t'en prie.

— Tu ne peux plus le nourrir, c'est ça ?

— Je n'ai plus une seule goutte de lait. Le petit est affamé, l'implora Nernara.

— Ne t'inquiète pas ! Amène le petit, je m'en occupe.

— Merci, mille mercis, tu es un ange Yemouna !

Suzanne put allaiter sans problème les deux nourrissons.

Le 26 août 1952, un an et demi après la naissance de Bernard, le frère de lait d'Amir, le treizième enfant des Nabet, Robert, vit le jour. Ce serait le dernier garçon qui s'endormirait dans son berceau d'un sommeil éternel. « Jusqu'à quand la mort traquera-t-elle les Nabet ? » se lamentèrent Suzanne et Zaki, accablés.

Fin novembre 1955, le cycle biologique féminin ayant achevé son parcours, Suzanne, heureuse de ne plus avoir d'enfant, se dit qu'elle pourrait enfin mener une vie plus reposante. Et voilà que quelques semaines plus tard, elle comprit que la ménopause n'était pas encore arrivée pour elle. L'interruption des règles annonçait bel et bien une quatorzième grossesse.

Ma mère se sentait bien seule, angoissée par cette découverte désespérante. Après treize gosses, elle en attendait un quatorzième !

Cette fois, elle était décidée à briser ce cercle infernal. « J'ai versé trop de larmes sur mes enfants qui sont montés au ciel comme des anges. Celui-ci, mon Dieu, doit les suivre, priait-elle, il ne peut en aucun cas… Non, en aucun cas… » Honteuse de ses coupables pensées, elle ferma les yeux. « Je n'ai plus d'énergie, mon âme est épuisée, mon Dieu, aie pitié de mon corps. Ramène cet enfant à toi ! » Elle prit une décision qu'elle exécuta en cachette de son mari. Si Dieu ne l'emportait pas, c'est elle-même qui rendrait cet enfant à l'Éternel.

Le lendemain après-midi, Suzanne se tordait de douleur sur son grand lit en bois formé d'arcs. Elle attendait le retour des enfants. Quand elle entendit leurs pas, elle appela Pierrette, qui avait déjà seize ans. Pierrette entra dans la chambre de sa mère et prit peur en la voyant dans cet état.

— Viens *abenti*, ma fille. Elle parlait doucement pour ne pas se faire entendre de Smeha, la mère de Zaki, qui avait rejoint la famille de son fils afin de ne pas finir ses jours seule.

— Tu es malade, Maman ?

Suzanne, affaiblie, ordonna à Pierrette :

— Prends cette bassine, ma fille, et descends doucement l'escalier. Veille à ce que grand-mère Smeha ne te bloque pas le passage, car elle est toujours assise sur les marches. Porte cette bassine jusque dans les sables, loin, très loin de la maison. Ne regarde pas ce qui est au fond de la bassine avant d'avoir creusé un grand trou. Un grand trou profond. Puis, verse ce qu'elle contient et recouvre le tout. Allez, fais vite !

Pierrette, alarmée, commença à trembler :

— Qu'est-ce t'as fait, Maman ?

— Fais vite, ma fille, ne discute pas, je suis trop fatiguée. Ne raconte rien à personne surtout et fais très attention à ne rien renverser.

Pierrette prit la bassine dans ses deux mains tremblantes et courut loin, très loin derrière la maison. Les buissons secs qui roulaient dans le vent l'accompagnaient dans sa course. Elle avait l'impression d'avoir traversé le désert de long en large tant elle avait marché. Essoufflée, elle s'arrêta, vérifiant bien qu'elle était seule. Elle creusa un grand trou dans le sable. Alors, tout doucement, la peur au ventre, elle ôta le tissu taché de la bassine, jeta un regard à l'intérieur sur le liquide rouge plein de grumeaux, puis vida la bassine dans le trou qu'elle recouvrit de sable. Avait-elle enterré une petite sœur ou un petit frère ?

Cet avortement raté fut un traumatisme pour ma mère. C'était comme défier le destin, défier le Tout-Puissant et, pire encore, ne plus craindre le jugement dernier.

Quelques années ont passé. Un jour de décembre 1962 à Lyon, j'ai essayé de faucher dans la cuisine un des beignets au sucre que ma mère préparait pour la fête de Hanouka. Après maintes tentatives de ma part, Suzanne me prit dans ses bras et me raconta cette histoire en me regardant dans les yeux. Son histoire, qui est aussi la mienne, restera gravée à jamais dans ma mémoire. Elle avait décidé de se séparer d'un lourd secret, enfoui en elle depuis de longues années. C'était la première fois que ma mère faisait autant cas de moi.

— Ce que je vais te raconter, dit ma mère, ne doit pas t'attrister. Bien au contraire, c'est un compliment que je vais te faire. Même si tu n'as pas réussi à me voler un beignet, tu n'as pas laissé tomber, têtu comme tu es. Déjà dans mon ventre, tu étais têtu. J'avais beaucoup d'enfants, beaucoup trop, et je voulais te supprimer, j'ai tout fait pour, mais rien à faire, tu es venu au monde, tu t'es accroché. J'étais fière de toi ! Alors, je t'ai gardé, je savais que tu serais une forte tête. Tiens, prends un beignet, tu le mérites.

Le grand poids dont elle s'était soulagée était devenu, en partie, le mien.

Un proverbe hébreu dit : « Ce qui ne te tue pas te fortifie. » Ce moment auprès de ma mère redonna de la vigueur à ma tendre enfance, une nouvelle dimension. Ses paroles dissipèrent à jamais un doute qui avait longtemps assombri mon enfance. Ce doute s'appelait la mère Gaota. Un jour dans la cuisine, le dos tourné vers moi, ma mère me raconta un terrifiant secret en présence de Lucienne, ma sœur : « En fait, je ne suis pas ta mère. Ta vraie maman s'appelle Gaota. Elle est toute vieille, elle va bientôt venir te chercher. »

Lucienne, abasourdie par l'énorme mensonge médisant et venimeux de ma mère, voulut me rassurer, me consoler, mais elle fut paralysée et n'en fit rien. Ce soir-là, elle me souffla à l'oreille : « Bien sûr, cette histoire est une sottise, une gaffe. Parfois une maman, ça peut être cruel. Il faut lui pardonner, Denis. »

Dès lors, je me penchais souvent à la fenêtre de la cuisine de cet immeuble vieillot de la rue Bissardon et, lorsqu'une grand-mère s'approchait de l'allée, je priais de toutes mes forces pour qu'elle n'y entre pas. Pourquoi ma mère avait-elle eu ces propos à mon égard, comme un désir caché qui affectait son âme ? J'étais le quatorzième enfant et je m'étais agrippé… C'était trop, vraiment trop !

Chapitre XIII
L'histoire de Gigi

Voilà, ma chère sœur Gigi, nous y sommes. Cela fait trois semaines que je n'écris plus. Le trou noir. Je ne peux plus avancer. Je savais que ton épopée attendait d'être racontée. Le moment est venu. J'en suis très ému, car j'ai longtemps hésité à m'y lancer. Ma chère Gigi, nous allons raconter ton histoire, une histoire qui accompagne toute la famille Nabet depuis de longues années.

Lyon, 1962

Une petite fille de cinq ans, arborant un sourire tristounet, se tient sur les grandes dalles d'une cour, devant sa porte d'entrée, déguisée en reine Esther. Elle porte une longue robe blanche et, sur la tête, un petit chapeau rond et blanc relié à un élastique pour qu'il tienne bien sous son menton, et décoré d'un ruban qui fait office de couronne. Un peu terne dans le cadre en bois qui l'abritait, la photo de celle que je surnommais « la princesse » était posée sur la cheminée. Cette photographie m'a très longtemps obsédé, surtout autour de mes huit ans, lorsque j'observais discrètement ma mère tenant parfois la photo dans ses mains et l'embrassant tendrement. Je voyais des larmes couler le long de ses joues, puis elle terminait ce petit cérémonial par une prière. L'enfant que j'étais avait compris que, derrière cette photographie, de lourds secrets de famille se dissimulaient. Un jour, une fois que Suzanne eut quitté la pièce après avoir déposé son baiser rituel sur la photo, je m'approchai à mon tour pour l'examiner de plus près. Je pris le cadre dans les mains et l'observai longuement. J'y vis de grands yeux noirs, des cils magnifiques, des pommettes et une légère tristesse malgré le sourire qui éclairait le visage de la petite fille. Et, sans en connaître la raison, avant de la reposer à sa place, je l'embrassai à mon tour comme on embrasse un objet sacré. Inlassablement, je m'interrogeais : « Qui es-tu, petite fille ? Et pourquoi maman pleure-t-elle à chaque fois qu'elle te tient entre les mains ? » « Je ne sais pas », me répondait la petite d'une voix fluette et lointaine…

La princesse habitait Villeurbanne durant les années soixante. La princesse devait nettoyer la maison et frotter les parquets pendant que ses sœurs, assises confortablement au salon, regardaient la télévision. La princesse recevait des cadeaux de son père le soir de Noël, aussitôt confisqués par sa belle-mère, qui les offrait à ses sœurs. La petite ne comprenait pas pourquoi cette femme, qui se nommait Marcelle et qu'elle appelait maman, détestait autant cette Cendrillon des années soixante surgie des contes de Perrault. En quoi était-elle différente de ses sœurs ? Son seul désir était de gagner l'amour de sa mère Marcelle.

Un matin, ma mère m'endimancha. Je fus ému et tendu à la fois lorsqu'elle me dit que c'était pour rendre visite à celle que je nommais « la princesse ». Suzanne, coiffée d'un chignon, les cheveux bien tirés à l'arrière, la robe stricte, mais pas trop triste, à l'image de son état moral, était prête à affronter Marcelle. Elle avait l'énergie du soldat qui part au combat. Il fallait absolument qu'elle rencontre la mystérieuse princesse.

Son sac au bras, Suzanne me tenait fermement la main. On pouvait entendre son cœur battre jusqu'au bout de la rue. Elle s'arrêta devant un magasin et me dit :

— Écoute, mon fils, je dois acheter des jouets pour la petite et pour ses sœurs pour ne pas faire de jalouses, mais je ne peux pas t'en acheter. Ne m'en veux pas. Je n'ai pas assez d'argent.

Qui donc était cette princesse vénérée qui imposait qu'on lui achète des jouets et qu'on en prive son propre fils ? Qu'était-il arrivé à ma mère pour qu'elle plonge ainsi dans une telle détresse ?

On prit un bus, puis un autre. Assis sur un strapontin, j'aimais observer le tumulte des passants, les vitrines des boutiques, les grands trottoirs de l'avenue Lafayette ou de la rue de la Ré, comme disent les Lyonnais. Cependant, à ce moment précis, à travers la vitre de cet autobus, je ne voyais rien d'autre que mon désarroi. Comment pouvait-elle être aussi déterminée à ne rien m'acheter ? Qui était cette enfant qui réclamait toute son attention ? Soudain, le bus s'arrêta net, et il me fallut sortir de mes pensées comme on tire un naufragé de l'eau.

Les bras chargés de cadeaux pour la princesse et ses sœurs, ma mère descendit. J'avais bien envie de rester dans le bus et disparaître, mais la curiosité l'emportait comme un raz-de-marée : où allions-nous et à quoi ressemblait cette petite ? Qui était-elle et pourquoi était-ce pour Suzanne un événement aussi émouvant qu'éprouvant ?

Sétif, 1952

Comme décrit précédemment, durant son enfance, Gigi avait perdu l'équilibre et glissé dans l'eau glacée de la grande fontaine d'Ain El Fouara. Les médecins avaient décelé une fragilité cardiaque qui provoqua, à l'adolescence, des insuffisances respiratoires. Jeune fille, elle se rendait régulièrement avec sa mère à l'hôpital de Sétif, soit pour des examens, soit pour des hospitalisations étalées sur plusieurs jours.

Au hasard d'un séjour à l'hôpital, Gigi rencontra un jeune garçon, avec qui elle eut de longues conversations, qui la faisaient s'absenter de sa chambre du service de cardiologie. Un jour où Suzanne vint lui rendre visite, elle fut troublée de ne pas la voir dans sa chambre. Inquiète, elle s'adressa à l'infirmière de service :

— Où est ma fille ?

— Elle va bientôt revenir. Tiens, justement, la voilà !

— Où étais-tu, ma fille ? Je t'ai cherchée partout. Cela fait plusieurs fois que je viens et que tu n'es pas là. Il n'y a jamais personne dans cette chambre ?

— Je me promenais, Maman. Tu sais, on s'ennuie ici.

— La question est de savoir avec qui tu marchais, interrogea Suzanne.

— Mais avec personne ! s'énerva Gigi.

— Ma chérie, j'ai peur pour toi.

— Bon, je vais te le dire… J'ai rencontré un garçon très bien.

— Quoi ? Mais…

— Maman, fais-moi confiance.

L'infirmière, témoin de la scène, se rapprocha de Suzanne pour confirmer les dires de Gigi. Mais Suzanne était préoccupée pour une autre raison.

Quelques jours plus tard, Suzanne alla voir le cardiologue :

— Bonjour, docteur, je voudrais vous parler de ma fille.

— Asseyez-vous, Madame Nabet.

Suzanne s'assit sur une chaise en bois vernis. Elle aimait cette odeur de bois qui habituellement l'apaisait, mais aujourd'hui elle était préoccupée par cette période critique, susceptible de bouleverser la destinée de sa fille.

— Docteur, ma fille a rencontré ici un garçon, et je suis très inquiète.

— Écoutez-moi, Madame Nabet. Votre fille peut avoir une vie brève ou longue, nous n'en savons rien. Ce qui est certain, c'est qu'elle peut être heureuse et vivre une vie épanouie.

— Mais, si elle tombe amoureuse et qu'elle se marie, elle sera en danger en cas de grossesse, chuchota Suzanne.

— Madame Nabet, tout d'abord, nous n'en sommes pas là ! Ensuite, il faut la laisser vivre sa vie. Franchement, vous n'allez tout de même pas la cloîtrer ?

Voyant Suzanne effondrée, il ajouta :

— Vous voyez trop loin, chère Madame ! Il n'est pas du tout sûr que cette rencontre aboutisse à un mariage, répondit le médecin, tentant de la rassurer.

Sortie de l'hôpital, Gigi rencontra Marcelle, sa meilleure amie.

— Alors, Marcelle, cette embauche ?

— C'est bon, elle m'a prise ! répondit Marcelle, joyeuse.

— Ah, tu vois, je te l'avais dit !

— Elle m'a installée à la troisième machine à coudre.

— Ah, à la troisième ? Mais c'était la mienne avant, dit Gigi.

— Cent fois merci, c'est grâce à toi que j'ai cet emploi, remercia Marcelle.

— Je n'y suis pour rien. Arrête de me remercier !

— Et ta visite à l'hôpital alors ? Raconte.

— Ben, j'étais avec ma mère, elle n'arrêtait pas de poser mille questions au docteur, elle l'a soûlé. Mais il me tarde de retourner à l'hôpital…

— Pourquoi tu dis ça ? s'étonna Marcelle.

— Pour le cœur, il a chaviré à l'hôpital !

— Quoi ?

— Ben oui ! Il a chaviré, le cœur. Il a fait boum-boum !

— Oh là là ! Je ne te crois pas. Tu as rencontré quelqu'un à l'hôpital ?

— Chuuut, fit Gigi.

— Eh ben, raconte ! Où, quoi, comment ? Je veux tout savoir.

— Viens, quittons ce trottoir, allons à la grande fontaine.

Elles restèrent assises un long moment sur le banc en face de la grande fontaine, profitant de la fraîcheur de l'eau qui coulait en cascade. C'était la fontaine d'eau glacée dans laquelle Gigi était tombée, chute à la suite de laquelle les médecins avaient détecté ses problèmes cardiaques.

Sur ce banc, Gigi raconta en détail à sa meilleure amie Marcelle comment elle avait rencontré son jeune amoureux, elle et lui attendant leur tour devant la salle de radiographie : « Il m'a demandé mon nom et j'ai répondu : "Moi, c'est Gisèle Nabet, mais tout le monde m'appelle Gigi." "Moi, c'est Richard Pitoune, mais tout le monde m'appelle Riri." On a éclaté de rire : "Gigi et Riri, je trouve que ça se marie bien". "Ça se marie très bien", répondit-il en souriant. »

Quelques mois plus tard, Riri et ses parents débarquèrent chez les Nabet pour demander la main de Gigi. Le cœur serré d'angoisse, ils acceptèrent.

Marcelle fit la connaissance de Riri et accompagna Gigi dans toutes les démarches du mariage.

Riri était venu demander la main de Gisèle dans une Traction Avant. Les enfants descendirent admirer cette belle voiture noire, noble et de forme ondulée. L'accord obtenu, Riri remonta dans sa Traction. Les badauds s'éloignèrent aussitôt de la voiture, sauf Lucienne, la plus jeune sœur de Gigi qui s'était accrochée à l'arrière de la voiture. Lorsqu'il démarra, ses sœurs s'écrièrent : « Lucienne, lâche la voiture ! » Mais elle s'agrippa encore plus et ne lâcha prise que quelques mètres plus loin. Alors qu'elle était encore couchée au sol, un camion lui passa dessus. Par miracle, elle s'en sortit indemne. Lucienne était du genre casse-gueule. Une fois, en descendant les marches d'un escalier, elle était tombée à même le menton. Celui-ci s'était ouvert jusqu'à l'os. Une autre fois, elle passa par la fenêtre, retenue par les pieds aux barreaux du balcon, la tête en bas, jusqu'à ce que mon père la rattrape. Sacrée Lucienne…

Chapitre XIV
L'échange qui n'eut jamais lieu

Devant ses fourneaux, Suzanne cuisinait un ragoût qui n'avait ni goût ni arôme. Dans la chaleur sétifienne du mois de juillet 1956 qu'elle ne supportait plus, tournant machinalement sa cuillère de bois dans sa marmite, absente, elle avait le regard vide. Condamnée à une grossesse de plus, une grossesse de trop qu'elle avait tenté de faire avorter par tous les moyens, elle se laissait couler doucement. Elle touchait le fond sans se débattre. Elle se noyait dans une déprime profonde dans laquelle elle perdait pied. Sa fille mettait sa vie en danger pour fonder une famille et avoir un enfant, tandis que Suzanne, pour la quatorzième fois, portait un enfant dont elle ne voulait pas. Elle voulait crier, hurler son impuissance. La tentative d'avortement avait échoué. Il fallait s'y résigner : son quatorzième enfant naîtrait, coûte que coûte… Ce quatorzième, c'était moi.

Du fond de son désespoir surgit, improbable, une pensée qui lui redonna force, comme une fleur épanouie qui défie le désert au milieu duquel elle pousse. En même temps que le futur nouveau-né s'accrochait à son ventre, une idée, déposée devant sa porte par le destin, envoyée peut-être du ciel, illumina Suzanne. Cette idée palpitante était quelque peu incroyable, mais réalisable, pensait-elle. Réticent, Zaki faisait les cent pas entre la cuisine et le salon. Comment sortir de l'impasse ? Comment surmonter le mauvais sort ? Prier lui servait de guide spirituel en pareilles circonstances, mais cette fois-ci, il demeura sans voix.

— Quelle forte tête, ce Riri ! Où Gigi est-elle allée dénicher un têtu pareil ? demanda Zaki, frustré.

— À l'hôpital, justement ! rétorqua Suzanne.

— Mais elle est malade du cœur, protesta-t-il, contrarié.

— Zaki, calme-toi ! Essayons mon idée, je t'en prie ! Parles-en à Riri, mais doucement, calmement, sans t'énerver. Fais attention à chaque mot.

— Oui, d'accord, d'accord ! répondit Zaki nerveusement. Bon, allez, au combat, j'y vais !

Il sortit et referma la porte délicatement, sans se retourner pour ne pas voir la détresse de Suzanne. Elle prit sa tête dans les mains et récita à haute voix une prière, sans chercher à contenir ses larmes.

Zaki sortit son mouchoir, essuya la sueur de son front et remonta la rue Massinissa en direction de la maison de Gigi et Riri. Il se demanda comment lui présenter la chose. De quel droit moral pouvait-il se permettre… ? Mais renoncer et faire demi-tour, jamais. Il allait parler à Riri. Il comprendrait : « Ta femme est gravement malade… Et la quatorzième grossesse de Suzanne est un présent de Dieu conçu pour sauver Gigi… »

Zaki frappa à la porte et entendit les pas lourds de Riri.

— Ah, Zaki, entrez, *Shabbat shalom*.

Il l'embrassa.

— *Shabbat shalom oumevorakh*, shabbat de paix et de bénédiction, répondit Zaki en s'enfonçant dans le petit fauteuil de cuir arrondi et rembourré. Est-ce que Gigi est là ?

— Non, elle est sortie avec son amie Marcelle et ne devrait pas tarder.

— C'est très bien, car c'est avec toi que je veux m'entretenir.

— À quel propos ?

— *Abni*, mon fils, c'est à propos de quelque chose de très important !

Tout au long de cette conversation épineuse destinée à attendrir sa réaction hostile, Zaki employa le terme *abni,* « mon fils », pour désigner son gendre.

— *Estena shouia*, un instant, Zaki. Je vous sers une anisette. Vous en faites une tête !

Riri servit à Zaki une anisette avec des glaçons. Zaki en avait bien besoin. Il vida le verre d'un trait.

— Riri, s'il te plaît, sers-en moi une autre, cette chaleur me rend fou.

— Maintenant, racontez-moi pourquoi vous êtes venu aujourd'hui. Ça ne pouvait pas attendre ?

— Non, certainement pas !

Zaki ressortit son mouchoir, épongea les gouttes de sueur sur son front. Comment allait-il s'expliquer ? Comment persuader Riri ? Par quoi commencer ? Le moment était venu de sacrifier son quatorzième enfant pour sauver sa fille ! En fait, ce n'était pas du tout un sacrifice. Riri devrait comprendre. C'était la vie de sa femme qui était en danger. Zaki tremblait malgré la chaleur.

— Écoute, *abni*, supplia Zaki. Écoute-moi avec patience.

— Je vous écoute, Zaki.

— Voilà. Gigi est très malade, tu le sais comme moi. Nous avons très peur pour elle. Tu peux le comprendre ?

Dès le début de cette discussion, Zaki ressentit que chaque phrase était pour lui comme un effort sisyphéen. Soudain, il perdit le contrôle et lâcha précipitamment :

— Riri, tu ne veux pas être veuf, n'est-ce pas ? Tu feras tout pour sauver ta femme, n'est-ce pas ?

— Zaki, c'est quoi ces paroles ? Bien sûr que j'aime Gigi.

— Donc, tu ne veux pas la perdre ?

— Dieu nous en préserve, elle va guérir !

— Oui, elle peut guérir, mais il faut qu'elle évite de tomber enceinte. C'est le docteur qui l'a dit !

— Ah, ne commencez pas avec ça ! Si Dieu le veut, elle guérira. On aura notre enfant et tout rentrera dans l'ordre.

— Riri, *abni,* écoute-moi, Dieu nous a envoyé un cadeau et on a une proposition à te faire.

— Laquelle ? demanda Riri avec suspicion, commençant à perdre patience.

— Suzanne, ta belle-mère, porte notre quatorzième enfant. C'est un signe, tu ne crois pas ? Éviter de faire un enfant à Gigi, c'est lui sauver la vie, n'est-ce pas ? Quand Suzanne accouchera, si Dieu le veut, le jour même on vous amène le bébé, il sera à vous. Personne ne le saura. Ni vu ni connu. Vous l'élèverez dans la joie d'avoir votre propre enfant et d'avoir sauvé la vie à Gigi.

Il y eut un silence, un très long silence…

— Qu'est-ce que tu en penses ? demanda Zaki d'une voix tremblante.

— Avec tout le respect que je vous dois, j'en pense que vous dites des bêtises. J'en pense que tout ça, c'est de la folie. J'en pense qu'avec l'aide de Dieu, tout ira bien. Nous sommes jeunes, nous avons le temps. Mais élever le petit frère de ma femme comme si c'était notre fils, c'est impossible !

— Bien sûr que c'est possible ! Justement, dit Zaki, cela va la sauver. Sois raisonnable ! Il faut prendre une décision, et vite.

Riri gonfla ses grosses joues, son visage tourna au rouge. Il s'impatientait :

— Jamais de la vie, vous entendez, c'est une idée complètement absurde !

Zaki leva les bras en l'air, en criant :

— Mais moi, je suis prêt à commettre cette absurdité pour sauver ma fille.

— Bon ! Écoutez, dit Riri, reprenant son calme. Rentrez chez vous et laissez-moi réfléchir.

La mort est comme un défi caché derrière une porte. Elle nous menace, nous colle à la peau et ne veut plus jamais nous lâcher. Elle brandit sournoisement sa faux, comme une marionnette de théâtre qui répéterait : « Suzanne, garde en mémoire que nous n'en avons pas fini ». Faudra-t-il que je franchisse un océan ? pensait Suzanne. Faudra-t-il parcourir un désert, déplacer des montagnes, crier à haute voix jusqu'à toi, combattre les forces de la nature, décrocher une étoile ? Que dois-je faire, mon Dieu, dites-le-moi et je le ferai, mais je vous en supplie, laissez-moi Gigi, laissez-moi cet ange. Si, par malheur ou par bonheur, elle devait mettre un enfant au monde, mon Dieu, faites que son cœur continue à battre, donnez-lui la force de connaître cet enfant, de l'élever, de le chérir. N'éteignez pas sa flamme avant l'heure ! Ne soyez pas si cruel. Suis-je maudite ? La mort m'a enténébrée comme la brume assombrit le chemin de la vie. Cessera-t-elle un jour de me poursuivre ? Toutes ces années, j'ai creusé tant de petites tombes ! Il ne me reste plus de larmes, j'en ai trop versé. Que faut-il que je fasse ? Que faut-il que je sacrifie ? Mon corps est fatigué et mon âme épuisée.

Malgré ses prières, Suzanne mit au monde le 11 août 1956 son quatorzième et dernier enfant, Denis Éliaou Nabet. Elle n'eut pas à le confier à sa fille et à son gendre comme elle l'avait prévu, car dix mois après cette naissance, Gigi accouchait, contre toute attente et malgré le danger, d'une petite fille nommée Aline, celle que je surnommerais plus tard « princesse ». Cette petite reine Esther, dans son cadre en bois sur notre cheminée, qui grandirait plus tard comme Cendrillon.

Chapitre XV
1956 – Adieu, Algérie

Suzanne et Zaki réalisaient que cette période de leur vie dans leur pays natal allait s'achever. La tension en Algérie montait, le danger était palpable. Les frères et sœurs de Zaki et de Suzanne avaient déjà quitté l'Algérie pour la métropole. Pour conserver un semblant de routine, Zaki se rendait régulièrement à la synagogue. Il devenait de plus en plus difficile de réunir les dix personnes requises pour commencer la prière. Les Juifs faisaient leurs valises. Dans un passé proche, la synagogue était bondée le jour du shabbat. Le petit Jean-Jacques cherchait à s'asseoir au tout premier rang pour admirer le tabernacle, l'armoire où sont conservés les rouleaux en parchemin de la Torah. Il voulait sentir la proximité du sacré, mais prendre place près du tabernacle lui était interdit. Seuls les notables occupaient les premiers rangs et bénéficiaient également du privilège de lire la Torah en fonction des dons qu'ils proclamaient à haute voix. Les plus démunis s'installaient tout au fond. Zaki aurait bien voulu monter à la Torah, mais il n'en avait pas les moyens. La bijouterie n'était plus rentable. L'époque n'était pas propice au superflu. Les gens se contentaient du strict nécessaire. En outre, l'artisan bijoutier qu'il fut toutes ces années ne lui fournissait plus les moyens d'une vie aisée, non seulement à cause de son métier, mais surtout à cause de sa propre déchéance. L'argent était dilapidé « dans la boisson et les femmes », soupirait souvent Suzanne. Zaki continuait à gaspiller au bar le peu qu'il gagnait. Il dégustait des escargots salés dans une assiette servie sur le comptoir et apaisait sa soif avec une anisette bien fraîche.

Lorsque son fils l'accompagnait au bar après la prière du shabbat et lui demandait la permission de goûter aux escargots salés, Zaki répondait démagogiquement : « C'est péché de manger des escargots. Ce n'est pas casher ».

Les temps étaient rudes. Un jour, Jean-Jacques reçut une pièce de cinq francs d'un ami d'enfance de son père. Ma mère vint la lui réclamer, car elle en avait besoin pour acheter de la nourriture. Jean-Jacques ne broncha point et lui tendit la pièce. La misère et l'alcool rendirent Zaki de plus en plus agressif. Suzanne était devenue sa principale victime, mais ses filles aînées ne furent guère épargnées. Il ne se contrôlait plus tant il rentrait ivre.

Les mois passèrent et les jours devinrent de plus en plus sombres. Le destin de l'Afrique du Nord vint frapper à notre porte. Zaki avait beau se considérer comme neutre dans le conflit, un événement tragique mit fin à ses hésitations. Dahan, son meilleur ami d'enfance, fut abattu par un homme qui avait lancé une grenade à l'intérieur de son magasin. L'hostilité envers les Juifs se rallumait comme une braise que l'on croyait éteinte et brûlait tout sur son passage. Accablé par la perte de son camarade, Zaki eut le sentiment que l'Algérie l'avait abandonné. Dorénavant, il était seul.

Ce meurtre n'était qu'un préambule. Un vendredi soir, pendant la prière du shabbat psalmodiée autour du repas de famille, Nernara fit irruption dans notre maison.

— Suzanne, *ohti*, ma sœur, il faut que je te parle. C'est urgent.

Suzanne se leva et alla avec Nernara dans une chambre.

— Qu'y a-t-il, ma fille ? Tu m'inquiètes.

— Tu sais, Suzanne, que je suis active dans le FLN depuis l'assassinat de mon mari.

— Je ne me mêle pas de tes activités, et je ne l'ai jamais fait !

— Ma chère Suzanne, ton mari est menacé. Sa vie est en danger. Il est le prochain sur la liste noire des hommes à abattre.

— Quoi ?

— Oui, il faut qu'il parte le plus vite possible. Je t'aiderai à le sortir d'ici.

Deux jours plus tard, Zaki était sur le bateau pour Marseille. Il s'était échappé, emmenant avec lui Arlette, Mireille et Jean-Jacques. Tous dormaient sur le pont. Il n'avait pas de quoi payer les cabines. Suzanne était restée en Algérie. Grâce à son sens des affaires et avec l'aide d'Aïcha et de Nernara, elle parvint à vendre, un maximum des biens qu'ils possédaient, sauf la maison, car la loi ne le permettait pas. Pierrette et Rolande lui prêtèrent main-forte, puis ce fut leur tour de partir avec le petit Denis, qui avait juste six mois.

Quelques jours plus tard, Nernara pénétra dans l'appartement à l'adresse indiquée par Abdel, son chef de groupe régional du FLN. En effet, celui-ci changeait chaque fois l'endroit des réunions, afin d'échapper à l'armée française. Dès que la jeune fille fut assise, Tahel la harcela, l'accusant de trahison.

— De quel droit tu prends de telles décisions ?

— Quoi ? De quoi parles-tu ? demanda nerveusement Nernara.

— Tu le sais pertinemment ! C'est une trahison ! s'exclama-t-il.

— Tahel, baisse le ton, dit Abdel, pour calmer les esprits.

— Tu avertis tes cibles maintenant ? Tu sauves des Juifs, c'est ça ?

— Réponds-nous, Nernara, ordonna calmement Abdel.

— D'abord, ce ne sont pas nos cibles, mais un seul homme, répondit la jeune femme.

— C'est la même chose, protesta Tahel.

— Non, ce n'est pas la même chose, objecta Nernara. Cet homme, c'est Zaki, le mari de Suzanne. Cette famille m'a sauvé la vie.

— En te prenant comme boniche pour travailler chez eux ? répliqua Tahel.

— Arrête ton arrogance et écoute-la ! recommanda Abdel.

— Tu as trop de haine dans le cœur, mon ami. Elle m'a recueillie chez elle après la disparition de mon mari. Elle nous a nourris, mon fils et moi. Ensuite, je l'ai aidée pour les travaux ménagers. Mais le plus important : elle a sauvé mon nouveau-né de la famine.

Un long silence s'installa dans la pièce.

— Comment ça « sauvé de la famine » ? s'étonna Tahel.

— La Juive a allaité mon bébé en même temps que le sien, tout simplement. Cette femme est spéciale et sa générosité unique. Je ne pouvais pas laisser tuer son mari. C'était au-dessus de mes forces. Maintenant, tirez-moi une balle dans la tête ou laissez-moi partir.

Elle se leva en silence, regardant Tahel droit dans les yeux, puis elle quitta les lieux. Personne n'osa la toucher.

Chapitre XVI
Terre noire

À Marseille, sur la passerelle reliant le pont du bateau à la terre ferme, un homme avançait lentement, les cheveux grisonnants coiffés sur le côté gauche. Il avait une petite moustache nommée « la mouche ». Esthétique à ses yeux même si elle était autrefois l'icône d'un dictateur. Il se l'était appropriée comme partie intégrante de sa personnalité. Une valise dans chaque main, il surveillait ses trois enfants à la traîne, deux filles et un garçon qui, timidement, se tenaient par la main. Arrivés sur le quai, ils s'arrêtèrent devant une grande pancarte où était inscrit : « Secrétariat d'État. Accueil aux rapatriés. Salle d'attente ». Ils firent patiemment la queue devant un préposé à l'accueil, adossé derrière sa table. Ce dernier demanda les noms, prénoms et dates de naissance de chacun, sans jamais relever la tête. Une fois le formulaire rempli, il leur tendit leurs nouvelles cartes d'identité.

L'homme rectifia :

— Mon nom de famille est Nabet. Ça s'écrit sans h, les Nabeth avec un h sont…

— Nabet avec ou sans h, c'est si important ? interrompit l'employé.

— Oui, se contenta de répondre l'homme à la moustache, Nabet, c'est sans h….

Relevant finalement la tête, le préposé, perdant patience, demanda :

— Nabeth avec h ou Nabet sans h, c'est la même famille, non ?

— Sans h, je vous dis…

— Bon, sans h… Ah, j'allais oublier. Dans la salle à droite, vous avez à boire et à manger si vous le désirez.

— Non, merci, répondit l'homme aux valises.

— Pour toi aussi, c'est la fête du Ramadan ? questionna le douanier.

— Je ne fête pas le ramadan, je suis juif, Monsieur. Je suis un Nabet sans h !

Cet homme était Zaki, envoyé en éclaireur par ma mère pour préparer notre nouvelle vie dans la grande Europe. Il était descendu du bateau, le cœur battant, sain et sauf. Sur les conseils de la nourrice Nernara, il avait pris la fuite pour échapper au FLN, qui l'avait inscrit sur sa liste noire. Mon père s'était dépossédé de tous ses biens. Il avait tout perdu en quittant l'Algérie, sa notoriété d'artisan bijoutier, son statut. Il n'était plus qu'un rapatrié, un pied-noir, mais son nom de famille lui était précieux. C'était tout ce qui lui restait : son identité.

Zaki voulait absolument conserver l'orthographe de son nom de famille, dont l'origine remonte à l'époque du second temple, lorsque mes aïeux, les Nèveth, s'enfuirent de Jérusalem en proie aux flammes allumées par les Romains. Sur les routes de l'exil, le nom fut déformé et devint Nabeth, car la lettre V hébraïque s'écrit aussi B. La famille, arrivée d'abord en Espagne, se rendit ensuite en Afrique du Nord, une partie en Tunisie, l'autre en Algérie.

En l'an 704 après Jésus-Christ, au terme de la domination romaine sur Setifis, la future Sétif, vint le règne des Vandales et des Byzantins, puis les plaines de Kabylie furent libérées de tous leurs envahisseurs, enfin repoussés hors du Maghreb… Ce fut le début d'une épopée des plus extraordinaires, à l'issue de laquelle toute l'Afrique du Nord fut dotée d'une culture, d'une religion et d'un destin. Surgirent alors de nouveaux conquérants : les Arabes. Quinze ans à peine après la mort du prophète Mohammed, les armées arabo-musulmanes étaient aux portes de l'Afrique du Nord.

Contre toute attente, ce fut une femme, une reine berbère, qui infligea aux cavaliers arabes plusieurs défaites. Cette reine, la prêtresse Dihya Kahina, parvint à unifier le Maghreb sous son autorité.

Figure emblématique de l'histoire des Berbères, on raconte qu'elle était une descendante des *Cohanim*, les prêtres du temple de Jérusalem qui, comme mes ancêtres, avaient fui la ville de David détruite par les Romains. Elle avait rassemblé toute une armée constituée de tribus bédouines, juives et chrétiennes qui erraient dans les plaines tunisiennes et algériennes. Deux officiers s'étaient distingués dans le combat aux côtés de leur reine qu'ils vénéraient : Benyamin et Yacov Nabeth.

Ce jour-là, dans les dunes d'El-Jell-Djem, la reine pressentait que son sort était scellé. Orgueilleuse et intransigeante, à la tête de son armée et fière de ses combats et de sa force, en selle sur son cheval et la main sur son épée, la Kahina vivait ses derniers moments auprès des siens. Les officiers qui l'entouraient aperçurent les immenses nuages de poussière qui accompagnaient la grande armée arabe. Ils se battraient jusqu'au dernier. La sueur qui coulait le long des tempes jusqu'au bas du dos des soldats n'était pas due à la chaleur du désert. La grande armée déchirait le paysage de dunes par sa puissance. La légende raconte que la reine Kahina préféra se suicider plutôt que de se rendre à l'ennemi, tout en conseillant à ses soldats de se convertir à l'islam. La défaite fut rapide et sans équivoque. Le rouge se mêla à l'or du sable. Il souillerait à jamais la grande nation arabe.

À l'issue des combats, les vainqueurs accordèrent la vie sauve à quiconque était disposé à intégrer sur-le-champ un de leurs bataillons et à se convertir à l'islam. Tout soldat de la reine Kahina pouvait sauver sa peau en répétant la prière de conversion à l'islam composée d'une phrase unique :

Ach-Hadou ane lâ ilâha illa lahou wa ach-hadou anna Mouhamadane rassouloullahi.
Je témoigne qu'il n'y a aucune divinité méritant d'être adorée en dehors d'Allah et que Muhammad est le messager de Dieu.

Les soldats musulmans passèrent en revue la garde rapprochée de la reine Dihya Kahina. Le premier des deux frères Nabeth, Yacov, se mit à genoux et répéta solennellement ces mots qui firent de lui un musulman, ainsi que toute sa descendance. « Allah ouakbar », répondirent les soldats arabes.

Quand arriva le tour de Benyamin, celui-ci se leva et pria :

Shema Israel, Adonay Eloenou, Adonay Ehad.
Écoute Israël, Dieu est notre Seigneur, Dieu n'est qu'UN.

Yacov cria de douleur et d'incompréhension : « Non, Benyamin, non ! »

Benyamin fut décapité sous les yeux épouvantés de son aîné. La famille de Benyamin, après avoir entendu le récit de cette histoire de la bouche de Yacov, seul témoin du drame, fit serment de préserver la religion juive au sein de leur famille durant toutes les générations à venir. Depuis, les Nabeth avec h sont musulmans et les Nabet sans h sont juifs. Les deux familles vécurent côte à côte en Afrique du Nord.

Les Nabet sans h, Zaki et ses trois enfants, poursuivirent leur route. Ils prirent le train pour Lyon où sa sœur Mesrouda les attendait pour les loger provisoirement.

Chapitre XVII
Bon Pasteur et Bissardon

Un mois après l'arrivée de Zaki en France, Suzanne et les enfants : Pierrette, Rolande, Mireille, Lucienne et Denis, le petit dernier, rejoignirent les premiers arrivés et s'installèrent dans un petit appartement rue du Bon Pasteur à Lyon. La première mission de Zaki et de Suzanne fut d'intérioriser la mentalité de leurs nouveaux voisins, leur discours, leur froideur et leur regard hautain. Pour assurer les besoins de la famille, Zaki dénicha une place de portier dans l'administration française, grâce au coup de pouce d'une ancienne connaissance constantinoise. Il était réticent à ce poste, car il aurait préféré ouvrir une bijouterie bien française avec un associé, mais l'énergie lui manquait.

— Je ne vais pas faire ça toute ma vie ! Il n'en est pas question !

— Mais c'est une bonne place, et puis ce n'est que temporaire…

— Je ne veux pas du temporaire, je veux du fixe, bon sang !

— Dans l'immédiat, cela nous permettra de nourrir les enfants, et c'est le principal.

— Le principal ? Mais je peux essayer de travailler dans une bijouterie.

— Si tu quittes cette place, tu ne la retrouveras plus. L'administration, c'est du sûr, c'est tranquille !

— Mais, sans faire de jeu de mots, j'ai un métier en or !

— Les bijoux en France ne sont pas les mêmes qu'en Algérie. Sois raisonnable.

— Mais je suis tout à fait capable… et puis merde à la fin, si tu n'as pas confiance en moi !

Il ne trouvait plus ses mots. Son estime de soi partait à vau-l'eau, comme la fine poudre d'or qui s'écoulait autrefois entre ses doigts. Son assurance mise à mal, il se sentait dévalorisé, son ardeur éteinte. La déception et l'amertume déformaient son visage. Soudain, il frappa très fort de son poing sur la petite table fragile de la cuisine et fit voltiger sa tasse de café. Suzanne ne réagit pas. Elle emmena son dernier bébé dans la chambre avant que le volcan n'explose et que la frustration déborde. Abandonnerait-il une seconde fois sa profession ? Être portier et renoncer ainsi à sa vocation pour survivre, telle fut sa destinée.

Chapitre XVIII
Un pressentiment

Lyon, 1960 – Rue du Bon Pasteur, Croix-Rousse

Rolande était une petite fille pétillante aux cheveux noirs, pleine d'humour et très optimiste. Elle avait le nez toujours plongé dans un livre, mais comme ses sœurs, n'en était pas moins observatrice. Elle se laissait emporter par la littérature qui l'emmenait loin de la réalité d'une famille nombreuse, incapable de lui accorder la moindre attention puisqu'elle était une enfant parmi tant d'autres, et c'était bien comme ça. Ce soir-là, la réalité rattrapa la fillette. Rolande avait beau essayer de se concentrer sur son livre, elle n'y parvenait pas. Quelque chose la prenait au ventre, une grande anxiété venant de nulle part l'enveloppait. Tout son corps tremblait. Suzanne, toujours très occupée, se tourna soudain vers elle :

— Mais qu'est-ce que tu as, ma fille ? Que se passe-t-il ? Tu m'inquiètes.

— Je ne sais pas pourquoi je tremble, Maman, dit la petite fille qui, au fond d'elle-même, craignait l'approche d'un événement néfaste et accablant.

— C'est parce que ta sœur Pierrette est partie une semaine avec les scouts, c'est ça ? demanda Suzanne. Ne t'inquiète pas, elle va revenir, il ne lui arrivera rien, elle va passer du bon temps, dit Suzanne pour calmer Rolande.

— Non, c'est pas ça du tout, dit la petite.

Pour ne pas inquiéter sa mère, elle conclut : « Je ne sais pas, ce n'est probablement rien. Ça va passer. »

Le lendemain, Rolande prit son livre, sortit de l'appartement, monta un demi-étage, s'assit sur les escaliers et poursuivit sa lecture. Son anxiété éprouvée la veille s'était dissipée. Elle était absorbée par l'intrigue du roman. Ironie du sort, le roman intitulé « Le chapelier et son château » de A. J. Cronin traitait des rapports parents-enfants et de l'autorité confinant à la tyrannie que peut exercer un père. Passionnée par le récit malgré son jeune âge, Rolande s'identifiait pleinement au drame familial qui était au cœur de cette œuvre sombre.

Soudain, Rolande entendit des pas. Ils n'étaient pas ceux du personnage, mais ceux d'un homme bien réel montant l'escalier. Avant même de voir la personne qui montait, elle fut prise de panique. Elle interrompit sa lecture, ferma son livre, le serra contre elle et se redressa. L'homme s'arrêta devant la porte et frappa : « Bonjour, Madame, je suis le facteur. J'ai un télégramme pour vous. » Rolande, qui observait la scène du haut des escaliers, se mit à trembler comme la veille. Même anxiété, mêmes angoisses. Elle entendit sa propre voix résonnant dans les escaliers : « Gigi est morte, Gigi est morte… » Le facteur leva son regard vers elle et lui demanda : « Ça va petite ? », puis repartit. Immédiatement après, Rolande entendit les cris de désespoir de Suzanne, suivis d'un silence mortel.

Malgré la distance, elle avait ressenti s'éteindre la flamme de sa sœur Gigi, restée à Sétif. Gigi n'était plus.

Il arrivait à Suzanne et à Zaki d'exprimer leur inquiétude à propos de Gigi en recourant à la langue arabe pour que les enfants ne comprennent pas, mais Rolande, à qui rien n'échappait, avait perçu leur angoisse.

Gigi et Riri avaient fondé une famille en dépit de l'avis des médecins, qui avaient déconseillé au jeune couple de concevoir un enfant. Ils avaient choisi l'optimisme et eurent le bonheur de serrer un bébé dans leurs bras, la petite Aline. Bonheur immense, mais de courte durée. Aline avait deux ans à la mort de sa mère. Suzanne était effondrée. Longtemps, elle avait retenu en elle l'espoir que le cœur de sa fille tiendrait bon. « Gigi est morte ! » cria Rolande dans l'escalier… Le lendemain, Zaki fit sa valise et partit à Sétif pour les obsèques.

Rolande avait pressenti ce malheur. Elle était déjà angoissée par son roman et la disparition de sa sœur avait amplifié son anxiété. Suzanne n'était plus seule dans sa douleur, partagée désormais avec ses enfants.

Depuis qu'ils avaient quitté l'Algérie, en 1956, Suzanne et Zaki étaient tenus informés de la situation critique de leur fille, clouée sur son lit d'hôpital. Chaque lettre, chaque télégramme expédié d'Algérie les paniquait. L'angoisse avait atteint les enfants aussi.

La princesse dans son cadre en bois sur la cheminée était la fille de Gigi, la petite Aline. C'était elle qu'on allait voir à Villeurbanne avec Suzanne. Marcelle, qui prétendait être l'amie de Gigi, avait attendu patiemment sa mort pour jeter son dévolu sur Henri Pitoun, dit Riri, resté seul avec la petite Aline après le décès de sa femme. Bien qu'étant la meilleure amie de Gigi, la nouvelle conjointe de Riri ne voulait pas de cette petite qui la dérangeait. Un jour, elle dit à l'enfant : « Je ne voulais pas le paquet qui va avec ». Marcelle lui fit payer cher, très cher, son existence. Elle la giflait, la maltraitait, la privait de ce dont ses sœurs étaient gâtées, la considérait comme une esclave et lui imposait des tâches ménagères ingrates. Un jour, d'un coup de pied violent, elle fit tomber Aline de l'escabeau sur lequel celle-ci, debout, nettoyait la poussière d'une armoire à glace. Aline eut le pied fracturé.

Sur le paquebot qui les rapatriait en France, Riri prit Aline dans ses bras, ce qui rendit Marcelle furieuse. Une fois arrivée à Lyon, la petite fut contrainte de porter un corset de plâtre pour protéger son dos. Lors d'une visite de contrôle, le médecin lui demanda pourquoi le plâtre était fêlé. À quatre pattes pour astiquer le parquet, elle avait reçu des coups de matraque sur le dos et des coups de pied au ventre. Voilà pourquoi le corset s'était fêlé… Transie de peur, elle répondit : « C'est parce que je suis tombée. Rien de grave. » Le médecin jeta un regard suspect à Marcelle, qui fit mine de n'avoir rien entendu.

Suzanne priait souvent pour sa petite fille, retenue en otage chez Marcelle. Aline avait droit à de trop rares moments d'affection, uniquement lorsque Suzanne était autorisée à la voir le dimanche. Elle osait à peine la caresser ou l'embrasser. Un jour, Suzanne et Zaki, au pied de l'escalier de l'immeuble, supplièrent Marcelle de voir leur petite fille, mais elle refusa catégoriquement. La petite Aline observait la scène, entendait ses grands-parents pleurer et implorer Marcelle. En vain.

Par la force des choses, Pierrette était devenue notre sœur aînée. C'était la seule à oser se manifester chez Marcelle sans prévenir. Même lorsque la petite Aline était enfermée dans sa chambre, Pierrette entrait, la serrait dans ses bras, l'embrassait et sortait avec elle sans demander l'avis de Marcelle. Elle l'emmenait à sa guise, se rendait à Marseille chez ses beaux-parents, au cabanon situé au bord de la plage, parfois pendant un mois entier. Loin de Marcelle, Aline se sentait si bien ! Marcelle se méfiait de Pierrette qui n'avait pas la langue dans sa poche et dont les réparties claquaient comme les gifles que Marcelle distribuait à Aline. Des années durant, la petite se demandait pourquoi sa mère la maltraitait et ce qu'elle pouvait faire pour changer son comportement. La cause de cet enfer, Aline ne l'apprit qu'à l'âge de dix ans. En faisant le ménage comme tous les jours, elle découvrit le livret de famille et y lut le nom de sa mère : Mauricette Gisèle Nabet. Extrait de l'acte de décès : le 22 avril 1958.

Bien des années plus tard, lorsque vint le temps pour Marcelle de monter aux cieux, un ange lui barra le passage :

— Où vas-tu ?

— Je sais, je ne suis pas dans la bonne direction, mais je voudrais rencontrer Gisèle, mon amie Gisèle Nabet.

— Pourquoi ? demanda l'ange.

— Je voudrais embrasser ses mains. Je voudrais lui demander pardon.

— Ni Gisèle, ni un ange, ni même l'Éternel ne pourront excuser ton comportement envers cette petite. Ce que tu as fait à cette enfant est impardonnable.

Aline n'a pas porté le deuil de Marcelle, elle n'est venue ni à son enterrement ni à la Shiva, les sept jours de deuil traditionnels. Elle voulait l'oublier complètement.

Gigi adorée, comme la surnomma un jour Suzanne, fut la dernière à nous quitter au cours de mon enfance. À l'origine, nous étions quatorze : Fortunée, Gigi, Alfred, Sassi-Shaloum, Pierrette, Esther Rolande, Mireille, Salomon Jean-Jacques, Arlette, Lucienne, Machlouf Alain, Bernard Moïse, Robert et Denis Éliaou.

La grande faucheuse aura finalement frappé six fois à la porte des Nabet, emmenant avec elle deux de mes sœurs : Fortunée et Gigi, et quatre de mes frères, Alfred, Sassi, Alain et Robert, que je n'ai jamais connus. Sur quatorze enfants, il n'en restait que huit. Voici les membres de la famille qui ont survécu : Pierrette, Esther Rolande, Mireille, Salomon, Jean-Jacques, Arlette, Lucienne, Bernard Moïse et moi-même, Denis Éliaou.

Chapitre XIX
Notre chère Louise

Lyon, 1943

En Europe, durant la Seconde Guerre mondiale, l'Allemagne nazie mettait à exécution son programme cruel et barbare. En ce mois de décembre 1943, un vent glacial soufflait sur Lyon. Ce jour-là, une femme, la trentaine, l'esprit inquiet, hâtait le pas en direction de la place des Terreaux, où se trouvait le domicile de ses parents, en serrant fort contre elle son manteau de laine. Louise Chatz, c'était son nom, saisie par l'angoisse, pressentait qu'un événement terrible venait de se produire. Arrivée devant le vieil immeuble où elle habitait, elle grimpa les escaliers quatre à quatre et se figea devant la porte d'entrée grande ouverte de l'appartement familial. Elle pénétra à l'intérieur sans faire de bruit. Elle ne trouva personne. Ses parents avaient disparu. Elle s'assit à la table où, quelques heures auparavant seulement, ils avaient partagé leur repas… Le silence l'oppressa. Elle sanglota, en proie à un grand abattement. Elle sombra dans la culpabilité, persuadée que c'était elle que la Gestapo était venue chercher. Juives et communistes, sa sœur aînée Jeanne et elle s'étaient engagées dans la Résistance. Elles combattirent dans l'ombre jusqu'à leur arrestation par Klaus Barbie. Elles connurent les horreurs des camps de concentration. Elles en sortirent brisées et décharnées. Jeanne prit la direction de Strasbourg afin d'y retrouver son compagnon, qu'elle épousa. Louise rejoignit Lyon et s'installa dans un appartement loué à Caluire, au numéro 12 de la rue Bissardon. Les profondes séquelles que Louise conservait de son emprisonnement atroce la conduisaient régulièrement au Vinatier, l'hôpital psychiatrique de Bron.

Lyon, 1953 – Hôpital Le Vinatier

— *Ich bitte dich* ! Je vous en supplie ! Ma sœur aussi avec moi ! Laissez – là avec moi ! hurla-t-elle.

— Louise, Louise…

— Ma sœur aussi avec moi, laissez ma sœur, suppliait-elle en allemand, *bitte* ! S'il vous plaît !

— Louise, Louise, réveillez-vous.

— Que se passe-t-il ?

— Réveillez-vous, Louise, ouvrez les yeux.

— Où suis-je ?

— Louise, tout va bien. Réveillez-vous, calmez-vous. Respirez profondément. Calmez-vous, Louise. Vous avez fait un mauvais rêve.

— Merci, sœur Francine.

— Aujourd'hui, c'est le grand jour ! Allez, debout ! Levez-vous.

— Bof, le grand jour… De quel grand jour parlez-vous ?

— Réjouissez-vous Louise, vous allez rentrer chez vous.

— Si ça dépendait de moi, vous savez, sœur Francine…

— Mais non, mais non, vous allez rentrer chez vous. Tout va bien se passer.

— Je ne sais pas si je veux vraiment rentrer chez moi.

— Mais bien sûr que vous le voulez ! Vous allez retrouver votre appartement, vos habitudes, votre petit train-train.

— C'est gentil de me rassurer, ma sœur, mais franchement je n'en ai pas envie.

— Enfin Louise ! la réprimanda la bonne sœur.

— C'est toujours le même rêve, ou plutôt le même cauchemar…

— Je sais, Louise. Eh bien, allez rejoindre votre sœur, suggéra sœur Francine en remontant ses oreillers.

— Je ne sais pas. Je ne crois pas.

— Essayez de lui parler.

— Je ne peux pas vivre auprès d'elle. C'est impossible. Elle a sa vie et moi j'ai la mienne. Elle est mariée, elle a des enfants… Non, vraiment pas.

— Et vous, Louise, si je peux me permettre de vous poser cette question ?

— Oh, pour moi, c'est trop tard…

Louise s'immobilisa les yeux grands ouverts, assise sur son lit, droite, fixant une image imaginaire.

— Hélas, ma chère Francine, sans faire de mauvais jeu de mots ni d'humour noir : l'homme que j'aimais est parti en fumée, hélas !

Un silence s'installa dans la chambre, rompu subitement par des coups frappés à la porte. Une aide-soignante entra comme si elle voulait stopper ce dialogue pénible :

— Excusez-moi, je croyais avoir entendu : « Entrez ».

— Ce n'est pas grave. Que voulez-vous ? demanda sœur Francine.

— Louise, votre sœur est au téléphone. Elle veut vous parler.

— Soyez gentille. Dites-lui que je sors aujourd'hui et que je prendrai le train pour la voir en fin de semaine.

— Bien sûr, Louise. Je vais le lui dire.

— Je vous remercie.

Elle resta sous ses draps blancs, au fond de son lit, se disant que, finalement, la solitude était moins pénible à l'hôpital. Dans son appartement, même les patins sur le parquet en bois ne faisaient pas de bruit. « Il y a trop de silence chez moi, se disait-elle. Il faut trouver une solution ». L'angoisse prenait trop de place dans ses nuits, dans sa vie.

— Allons, Louise, vous retournez chez vous ! Vous allez retrouver…

— Je vais retrouver le néant, ma bonne sœur Francine ! Je vais être en tête-à-tête avec mon passé, vous comprenez ?

Sœur Francine s'immobilisa.

Quand elle fut prête à sortir, Louise prit la dévouée sœur Francine dans ses bras pour la remercier.

— Allez, bon courage, Louise !

— Merci, ma sœur, mais j'ai comme l'impression que nous nous reverrons bientôt, dit-elle tristement.

— Soyez optimiste, Louise. Allez savoir ! La vie nous réserve de belles choses parfois !

— Vous êtes croyante, ma sœur. Vous avez la foi. Moi, je ne crois pas trop au miracle. Voyez-vous, sœur Francine…

— Que le Seigneur vous accompagne, ma bonne Louise.

Trois ans après, grâce au salaire des Hospices Civils de Lyon, Suzanne et Zaki quittèrent la rue du Bon Pasteur pour un appartement plus spacieux, au 12 rue Bissardon à Caluire-et-Cuire. Après avoir emménagé, Zaki prit un marteau pour fixer au linteau de la porte une *mezouza*, cette petite boîte contenant de minuscules parchemins de la Torah que l'on fixe à l'entrée d'une pièce selon la tradition juive. Outre les coups de marteau, nul bruit ne se faisait entendre, à part celui des pas délicats d'une femme montant les escaliers. À l'étage apparut une femme âgée, la voisine de palier. Elle avait la peau claire, les cheveux châtain clair bouclés, des yeux verts et une valise à la main. Elle s'immobilisa, observa attentivement Zaki clouant sa *mezouza*. Voyant qu'elle le regardait, il s'arrêta un instant et la salua. Elle dit simplement bonjour et rentra chez elle. Le silence revenu à l'étage, elle ressortit et se hasarda à s'approcher de la porte des Nabet pour observer la *mezouza* de plus près. Puis, elle lut le nom de ses nouveaux voisins : « Nabet ». Bizarre ! Elle était confuse… « Mais ce n'est pas un nom juif… » Son nom à elle ne souffrait aucune ambiguïté : Chatz signifie « prêtre du Temple », une contraction de *chaliah tsibour*. Nabet aussi est un nom hébraïque d'origine biblique : Nebat est le père de Jéroboam de la tribu d'Éphraïm, le fondateur du royaume d'Israël du Nord et le premier roi d'Israël de 931 à 910 avant l'ère chrétienne, après le schisme politique et religieux qu'il a provoqué.

Le lendemain, la voisine frappa à notre porte, une boîte de chocolats à la main, et se présenta.

— Bonjour Madame. Je m'appelle Louise. J'ai vu votre mari hier lorsqu'il posait sur l'encadrement de votre porte une… le parchemin… Vous savez bien…

— Une *mezouza*, vous voulez dire ?

— Oui, c'est cela, une *mezouza*. Cela m'a émue, vous savez. Moi aussi, je suis juive, dit-elle à voix basse.

— Je vois, dit Suzanne, remarquant le numéro qu'elle avait sur le bras. Merci, Louise pour les chocolats. Entrez donc. Je suis enchantée de vous connaître. Mon nom est Suzanne…

— D'où venez-vous ?

— D'Algérie.

— Incroyable ! Quelle joie de vous avoir comme voisine ! Une famille juive auprès de moi. La vie nous réserve de belles choses parfois…

— Et bien, venez dîner pour shabbat avec nous.

Louise, la voisine de palier, vint dîner avec nous ce shabbat, ainsi que tous ceux qui suivirent. Elle trouva ainsi un contact humain et fut adoptée par notre famille bruyante, mais chaleureuse. Louise avait reconstruit des liens affectifs suffisamment puissants pour qu'elle n'ait plus jamais besoin de séjourner en service psychiatrique à l'hôpital. Elle fut pour moi une seconde maman.

Chapitre XX
Mon petit dernier

Le clos Bissardon à Caluire est le lieu où se déroula, passez-moi l'expression inappropriée, ma « tendre » enfance. À peine arrivée dans le quartier, Suzanne dut faire appel à son talent de guérisseuse comme en Algérie, au temps de la cour des prodiges. J'avais un an et demi à peine lorsque je réveillai Suzanne de mes pleurs insoutenables, accompagnés d'une fièvre dévorante. Comme au temps de la cour des prodiges, elle donna libre cours à son intuition et fit un geste qui me sauva la vie en me relevant doucement la tête, afin que mon menton touche ma poitrine. Je me mis à hurler de douleur. Elle se rendit de ce pas avec moi aux urgences et déclara aux deux médecins : « Docteurs, mon fils a une méningite. Faites vite, il a besoin d'antibiotiques. » Les deux médecins se regardèrent étonnés et prirent le bébé des mains de Suzanne pour l'examiner. Peu après, l'un d'eux vint la rejoindre dans la salle d'attente :

« Madame, vous avez sauvé votre fils ! Affirmatif, c'est bien une méningite. »

Durant toute mon enfance, j'ai eu pour règle de jeu le don de mes parents : la survie. Dès l'âge tendre, j'ai compris une chose cruciale en observant mes semblables. J'ai saisi à quel point j'étais différent ! Les enfants du quartier étaient fils uniques ou grandissaient dans des familles de deux ou trois enfants. Moi, j'étais le quatorzième et j'en avais honte. Lorsque j'allais jouer avec le rutilant train électrique d'Olivier, un voisin à la frange bien droite, sa mère nous offrait le goûter. J'adorais ce mot « le goûter », synonyme de délices. Elle nous servait des biscuits au chocolat ! Chez nous, il n'y avait ni goûter ni biscuits au chocolat. Il y avait du pain trempé dans du café au lait avec sept sucres dans le bol. Je voulais posséder tout ce qui appartenait au petit Olivier : son train électrique, ses soldats de plomb, son goûter, son calme, sa vie paisible, sa maman. Discrètement, je m'emparais de quelques petits soldats de plomb qui dégringolaient au fond de mes poches.

Un jour que nous jouions sur le tapis avec ses soldats de plomb, je levai la tête et je vis accroché au mur, au-dessus de la cheminée, un homme cloué sur une croix, une couronne d'épines sur ses boucles. Pour ne pas paraître ignorant ou bizarre, je renonçai à poser une question sur l'identité de ce personnage.

À cette époque me vint une idée qui aurait certainement réconforté Suzanne : et si je proposais à Olivier de devenir son frère, et à sa mère d'être son second fils ? Je craignais sa réaction, car je réalisais, dans ma petite tête de gamin, que cette demande n'était pas dans l'ordre des choses. Je devais attendre quelque temps pour mieux les connaître et pour qu'ils me connaissent mieux. Il n'était pas exclu que la maman d'Olivier me le propose elle-même : « Tu sais, petit, tu es mignon malgré les petits soldats que tu dérobes à mon fils. Tu pourrais être un excellent frère pour notre Olivier ; et moi je répondrais : Oh, oui ! Si vous voulez, Madame, bien sûr, pourquoi pas… » Bref, pour en arriver là, il importait de ne pas bousculer les choses. Un jour où je pensais que la maman d'Olivier allait enfin m'adopter, elle me creva le cœur : « Olivier, ton petit camarade doit bientôt s'en aller. Il se fait tard, il faut qu'il rentre chez lui. Sa maman va s'inquiéter. » J'aurais voulu lui expliquer qu'elle n'avait pas de souci à se faire. Personne chez moi n'allait s'inquiéter.

Je me levai lentement tandis que mon âme criait très fort : « Disparais, Olivier, disparais. Je veux rester ici. Ta maman m'adoptera, c'est certain. » Olivier était bien là, continuant à jouer. Il me dit d'une voix triste : « Au revoir, Denis. » « Au revoir, Olivier. » Je retournai au clos Bissardon, à peine consolé par les soldats de plomb restés dans mes poches, pour y retrouver le champ de bataille de ma famille nombreuse. Je quittais un paradis d'enfants pour rejoindre l'enfer des grands. Pourrait-il un jour devenir un paradis, sans petits soldats, sans train électrique, un lieu de vie décent ? Sur le seuil de sa porte, j'entamai une dernière conversation avec le petit Olivier, afin de rester encore un instant, un court instant, dans cette maison paisible, respirer l'innocence, l'insouciance, la naïveté de l'enfance.

Arrivé chez moi, je rejoignis mon abri sous la table de la cuisine. Je passai en revue les petits soldats de plomb que j'avais « empruntés » à mon camarade. Sous la table, je retrouvais mon refuge.

C'est sur cette même table que j'ai effectué mon premier spectacle. J'y montais, une cuillère à la main en guise de micro, imitant Elvis Presley. Tout mon corps tremblait dans mon short trop grand pour moi, à peine retenu par des bretelles. Je pliais les genoux à un rythme fou. Cette performance me coûta très cher, car il me fallut grimper sur la table pour faire mon spectacle chaque fois qu'un invité se présentait chez nous. Bien vite, ces démonstrations commencèrent à m'embarrasser. Dès que je flairais l'arrivée d'un invité, je filais pour me planquer très haut dans la soupente.

C'est à Bernard que fut confié le soin de m'emmener au parc de la Tête d'Or à Lyon pour m'apprendre à pédaler. À un certain moment, il démonta les deux roues protectrices, il me tint par la selle et me propulsa : « Vas-y, Denis, tu le peux ! Regarde devant toi ! Roule, pédale, ça y est, plus vite ! » Bien sûr, je me cassais souvent la figure et Bernard éclatait de rire. Il m'encourageait à recommencer, jusqu'au jour où je fus capable de rouler seul dans les allées du parc, le long du lac où canards et pédalos se côtoyaient. De l'autre côté de la route, des chênes majestueux qui frôlaient les nuages bordaient les grandes pelouses. Libre et heureux, respirant l'air frais, le vent sur le visage, découvrant les biches et les éléphants du jardin zoologique, je n'entendais plus Bernard. J'oubliais l'enfer et la misère de ce que certains désignent comme le foyer familial. J'ai été sans doute gâté malgré tout, un privilège de petit dernier.

Dans l'appartement de la rue Bissardon, à la rentrée des classes, je montais dans la soupente pour y dénicher mes fournitures scolaires, une trousse et un cartable, que j'héritais de mes frères. Il n'était pas question d'acheter du matériel neuf, nous n'en avions pas les moyens. J'y découvris ma bicyclette qui ne m'avait pas servi depuis longtemps, me demandant comment elle avait fait pour rétrécir.

Un soir sur deux, nous devions nous laver. Dans les années soixante, il n'y avait ni bain ni douche dans les appartements. Se laver chez les Nabet était un événement assez spectaculaire. Il fallait entrer chacun à son tour dans une grande bassine, se mouiller avec une éponge et se savonner. Pour se rincer, il fallait demander de l'aide. Mon frère Bernard me rinçait, à l'eau froide évidemment. Je hurlais aussitôt pour que ma mère intervienne. Un soir, une fois ce rituel terminé, nous commençâmes à danser. Encore dans la bassine, une serviette sur les hanches, Bernard chanta en arabe et exécuta la danse du ventre, et moi, en short, je dansai sur la table le rock'n'roll. Il y avait de l'eau partout. Nous chantions comme des fous, lui en arabe, moi en anglais, quand soudain un petit miracle survint. Suzanne entra dans la cuisine et, au lieu de nous réprimander, elle éclata de rire. Son rire m'était presque inconnu. Elle en était donc capable ! Je ne voulais plus qu'elle s'arrête. C'était merveilleux d'entendre son rire rouler comme un tambour. Si seulement ce rire pouvait durer, si seulement il pouvait exprimer une réalité équilibrée, un quotidien ordinaire, une normalité permanente. Elle allait sans tarder retrouver ses larmes.

Chapitre XXI
Mon père Zaki

Un matin à Sétif, Rolande et Arlette furent dispensées d'école. Elles avaient la gale, une maladie de la peau qui provoque des démangeaisons sur tout le corps. C'était Jean-Jacques qui les avait contaminées après avoir échangé son béret avec celui de son camarade de classe. On leur avait rasé la tête, c'était le seul moyen de traiter le cuir chevelu de façon efficace. Le crâne rasé, on pouvait alors frotter la tête avec du mercurochrome. Il était hors de question qu'elles se présentent chauves devant leurs camarades. Une fois le traitement effectué, Suzanne leur mit un bonnet sur la tête et les envoya chez leur père pour le reste de la journée. Il leur indiqua l'arrière-boutique de la bijouterie, une pièce étroite où se tenait une forge à l'aide de laquelle notre père fondait l'or. Le regard des petites se figea sur le coffre-fort momentanément ouvert d'où étincelaient de minces et délicats lingots d'or. Elles en furent éblouies. Arlette fit du coude à Rolande :

— Regarde, Rolande ! s'exclama-t-elle ébahie.

— Oui, j'ai vu, répondit-elle.

Les deux brunettes de la famille se rapprochèrent du coffre, avides de caresser un lingot afin d'en apprécier la nature. Zaki les observait du coin de l'œil. Il était fier que ses filles lui rendent visite au beau milieu de sa besogne. Il leur tendit un minuscule lingot d'or afin qu'elles découvrent de près le métal dont il avait fait son art. Ce jour-là, il était de bonne humeur pour les recevoir. Il prit le temps de partager avec elles les secrets de son artisanat, transformant les lingots à l'état brut en joyaux.

Ce jour-là, en observant avec tendresse ses filles éblouies par le métal brillant qu'elles tenaient entre leurs mains, il fut pourtant saisi par la morosité. Il fut pris de lassitude et s'abandonna à une désolante méditation. Y avait-il lieu d'être fier ? Ce coffre-fort rempli de lingots d'or avait-il satisfait les besoins d'une famille nombreuse ? L'avait-il préservé du manque et du besoin ? Lui avait-il garanti une existence, sinon riche, du moins aisée, une vie stable et sereine ? Était-il un père responsable à même de contrôler ses nerfs et de maîtriser sa violence ? Avait-il vaincu son penchant pour l'alcool ? Ne titubait-il pas régulièrement devant ses filles ? Effectivement, ce coffre-fort lui aurait permis d'accorder à sa famille une vie décente. Plus tard, celle-ci aurait pu vivre de ses économies. Mais l'attrait de la fête, son besoin d'évasion tous les soirs, sa révolte contre la routine, son rejet d'un parcours qu'il n'avait pas choisi étaient à l'origine de son détachement, de son laisser-aller, de sa débauche. Tout l'argent gagné était aussitôt dilapidé pour tenter de conquérir une femme ou pour noyer ses déceptions et son amertume au fond d'un verre. Entre autres, il avait réussi à séduire la femme du boucher qui l'apprit et le poursuivit, son couperet à la main. Fort heureusement, il réussit à s'enfuir à temps !

Zaki était bien conscient qu'il devrait redevenir un compagnon décent pour Suzanne, qu'il importait de rebâtir une confiance mutuelle, de remettre de l'ordre dans son couple, de rentrer chez lui à la fin de sa journée et de cesser de courir les jupons. Non seulement c'était mission impossible, mais plus grave encore, la situation empirait. Elle devenait intenable. Zaki ne pouvait plus continuer à vivre parmi nous. Ce jour tant attendu arriva à Lyon, le 9 février 1965 : mon père quitta enfin la maison. Ce ne fut pas un jour de gloire, mais un jour de joie assurément. Je pus sortir de ma cachette sous la table de la cuisine. Plus besoin de la toile cirée pour m'abriter. Je pouvais enfin ne plus me boucher les oreilles et respirer librement. Les gifles, les larmes, les assiettes brisées, les coups de ceinture étaient destinés en priorité à mes frères et sœurs. Les « privilégiés » d'entre nous bénéficiaient du ceinturon, plus large et plus douloureux. J'étais épargné, mais j'avais fait mienne leur douleur. Malheureusement, par la suite, d'autres personnes m'ont fait subir des traitements non moins virulents que ceux que m'infligeait mon père.

La famille multipliait les initiatives pour réconcilier mes parents. Mes sœurs et mes beaux-frères ramenaient Zaki à la maison, une valise à la main. Nous étions tous très émus, espérant en silence qu'il avait changé. Peut-être était-il devenu meilleur ? Mais il en était incapable. Quelques semaines plus tard, il repartait.

Bien des années après, j'ai appris que lui aussi, dans son enfance, avait dû se cacher sous la table et compter jusqu'à dix. Il avait grandi dans une famille non moins tumultueuse que la nôtre. Son grand frère l'humiliait constamment. Même à la bijouterie où tous deux travaillaient, Zaki avait beau être meilleur artisan que son frère aîné, celui-ci le tenait pour un raté. Zaki aussi avait été battu par son père, lui aussi avait été traité de bon à rien. Implacable engrenage ! Zaki reconstituait le modèle familial qu'il avait connu… La pomme ne tombe jamais loin de l'arbre !

En Algérie, les fillettes ne connaissaient que trop bien l'arrière-boutique. Zaki y exerçait son métier de père avec autorité. Suzanne était agréablement surprise qu'il prenne cette initiative. Il exigeait que tous ses enfants passent par la boutique chaque matin sur le chemin de l'école. Par une petite porte située au fond de l'atelier, il accédait à une cour où il tenait un poulailler. Il prenait un œuf frais, le perçait avec une petite aiguille et le tendait à chacun d'eux pour qu'il le gobe tout cru.

À Lyon, nous restions alignés pour ingurgiter, cette fois, une cuillère d'huile de foie de morue. Personne n'y réchappait. Il pensait ainsi fortifier la santé de ses enfants et s'assurer que ceux qui avaient survécu en Algérie pourraient survivre en France. Il lui restait huit enfants, et il espérait bien les garder en vie.

C'est un autre Zaki qui, un jour, arriva à la maison avec un téléviseur noir et blanc à bout de bras, quel bonheur ! Un autre jour, la porte d'entrée s'ouvrit et Zaki fit irruption avec une bicyclette flambant neuve. Elle était splendide, cette bicyclette ! Ce comportement paternel était sans aucun doute la preuve que, malgré tout, il nous aimait. Nous aurions pu être une famille unie…

J'ai particulièrement conservé en mémoire un moment de compassion paternelle, d'autant plus fort qu'il était rare. Le jour de *Kippour*, à la fin de la prière du Grand Pardon, la prière adressée au Tout-Puissant prenait la forme d'un rituel : la bénédiction des *Cohanim*, ceux dont le patronyme était Cohen, qui se tenaient debout près du tabernacle, recouverts du châle traditionnel. L'assemblée implorait le Seigneur de lui envoyer lumière, sagesse et paix, le priait de bénir l'année qui venait à peine de commencer. Comme les autres pères de famille, Zaki recouvrait ses enfants de son châle de prière. Il posait un court moment sa main sur la tête de chacun de nous. Étant le dernier, j'attendais impatiemment cette bénédiction, ce moment dont l'émotion qu'il provoquait en moi reste gravée dans ma mémoire. J'aimais ressentir la lourdeur de sa main sur ma tête. Cet acte était pour moi si saisissant que mes larmes coulaient : cette main qui, si souvent, s'abattait sur nous, nous caressait maintenant et nous bénissait. Au terme de la bénédiction des *Cohanim*, chacun de nous embrassait la main de notre père, instant unique où il était là avec nous, pour nous. N'était-ce pas le plus important ? Sa main posée sur nos têtes respectives nous disait : « Je vous aime, mes enfants, je vous demande pardon ».

Après son départ du foyer, Suzanne m'envoyait parfois en fin de semaine, contre mon gré, chez mon père qui logeait dans un studio misérable. On sortait ensemble boire une limonade. Il me présentait ses dernières conquêtes, malgré son âge. Il me narguait et me culpabilisait, allant jusqu'à me dire un jour :

— Alors, mon fils, tu viens me voir, mais c'est pour mon porte-monnaie surtout, n'est-ce pas ?

Je ne me risquai pas à répondre. Cette phrase méchante eut pour effet de me murer dans le silence. Je l'ignorais, mais ce fut la dernière fois que je vis mon père.

Toutes ces années durant, j'avais espéré qu'un jour je finirais par lui dire combien ces propos m'avaient blessé. Je n'en ai jamais saisi l'occasion. Longtemps après, je ne lui dirais rien de plus, sinon cette phrase : « Je t'aime, Papa, je te pardonne ». Il ne l'entendra jamais, ne le saura jamais. Aurais-je eu la générosité, la sagesse et le courage de prononcer ces mots face à lui ?

En 1978, après de longues années de séparation, Zaki frappa à la porte et pria Suzanne de lui accorder une dernière chance. Elle accepta. Ce fut une nouvelle ère. Il lui apportait le petit déjeuner au lit, l'aidait à faire le ménage et le marché. Elle pouvait tout lui demander, il se pliait à son désir. Elle vivait un rêve éveillé. Il fut de courte durée. Un matin du mois de mars 1978, Isaac Nabet s'éteignit à l'hôpital de l'Hôtel-Dieu à Lyon. Suzanne ramena sa dépouille à la maison pour le veiller toute la nuit, au milieu des prières prononcées par des fidèles de la communauté juive d'Algérie. Il avait soixante-neuf ans.

Zaki demeurera à jamais une figure complexe. Son humeur était instable et son affection paternelle trop rare. Il avait pourtant une générosité et un amour sans équivoque pour ses enfants, qu'il exprimait maladroitement. Lorsque ceux-ci grandirent, son autorité s'effondra et il en devint violent. C'est à cette époque que j'adoptais un cheval noir imaginaire qui emmenait dans des pays lointains le justicier masqué que j'étais. C'est surtout à cette époque que je fis appel à celui dont j'espérais l'apparition, que je guettais chaque matin. Tous les jours sur le chemin de l'école ou la nuit en m'endormant, je priais, je lui parlais, j'attendais un signe de mon Messie…

Chapitre XXII
Les enfants d'Eugène Pons

Chaque être humain pratique l'art de survivre de la façon qui lui est propre. Certains se rendent invisibles et ne se font pas entendre, d'autres partent aussi loin que possible pour cesser de souffrir, d'autres encore, plus vulnérables, attendent un miracle ou l'arrivée d'un être sacré envoyé du ciel, tel un Messie, un rédempteur, un libérateur. Non, pas celui qui sauverait le monde, l'humanité tout entière. Pas du tout ! Un Messie pour soi, personnel ! Son Messie ! L'enfant que j'étais se figurait qu'il y en avait de toutes sortes, des grands, des petits, des ronds, des barbus, des gros, des maigres, des bouddhistes, des musulmans, des juifs et des chrétiens ! Le mien devait certainement exister, mais où était-il ?

Lyon, 1962. École de garçons Eugène Pons

Dans cette école, un très grand préau gris et sinistre avalait les petits enfants avec appétit. En ce premier jour d'école lugubre et désolant, des cris y retentissaient de toutes parts, mais ce fut la voix vibrante et autoritaire de la maîtresse qui domina : « Tous en rang, allez, plus vite que ça ». Les enfants, habillés comme moi d'une blouse bleue, prirent d'un même pas la direction des salles de classe. Certains pleuraient tout leur soûl au contact de cette éducation « en douceur ». Sortis de la maternelle, perdus et effrayés, nous franchissions l'immense porte en bois clair pour nous perdre dans la foule.

Pourquoi le monde des adultes est-il si menaçant ? me demandais-je. Si la maison est un enfer, pourquoi l'école doit-elle l'être aussi ? Est-ce ainsi que se déroulera notre existence ? Il va falloir trouver une solution. Comme disait Suzanne, « ce n'est pas une vie ».

En 1960, le système éducatif français confiait aux enseignants le droit de faire ce que bon leur semblait avec leurs élèves, sans avoir à en rendre compte à qui que ce soit. J'ose imaginer qu'aujourd'hui, madame Veber et monsieur le directeur se seraient retrouvés derrière des barreaux pour leurs méthodes pédagogiques. Lorsqu'un élève ne rendait pas un devoir ou bavardait en classe, il était prié d'entrer les pieds joints dans la poubelle située sur l'estrade, de s'y asseoir et d'y rester pendant l'heure de cours. J'ai eu le privilège de vivre cette expérience dégradante plusieurs fois. Sam Boubakar, qui avait redoublé deux fois, ne pouvait plus rentrer dans cette corbeille, il était trop grand. Autre méthode : il était courant de déculotter l'élève devant toute la classe pour lui administrer une « bonne » fessée, comme l'expliquait madame Veber. Bref, il fallait survivre le matin et survivre le soir. Si j'avais pu traîner la France en justice, elle aurait écopé d'une peine de prison ferme.

La première chose que nous apprenions en classe n'était pas à écrire ou à compter, mais à tenir une plume droite, la tremper dans l'encrier et tirer un trait sans tacher la feuille de papier. En CM1, un nouvel élève intégra notre classe. Il s'appelait René. Il avait de grands yeux bleus et des cheveux noirs, couleur anthracite, comme ceux de mes sœurs Rolande et Arlette. C'était un enfant calme et silencieux. Il sema en moi une graine d'espoir, car en classe, il fut placé juste devant moi. Comme il était grand et large pour son âge, il me cachait le tableau et tout ce qui y était écrit, ce qui fit que je le considérais comme un très bon ami. Ma capacité de concentration, qui n'était pas prodigieuse, devint à partir de ce moment-là inexistante et j'en profitais pour me laisser aller à mes rêveries.

Chaque fois que René se retournait vers moi, je lui adressais un geste amical et lui, de son côté, me regardait bizarrement. « Mais que me veut-il, ce garçon ? » C'est qu'il ignorait qu'il était mon ami. En fait, je ne lui avais pas demandé de l'être. D'ailleurs, je ne lui avais jamais parlé, mais j'imaginais qu'il était mon ami, même s'il n'en savait rien.

Un lundi, je remarquai immédiatement son absence, car je pouvais enfin voir le tableau noir tout entier. Soudain, notre maîtresse, madame Veber, entra en classe. Stricte et solennelle, elle nous apprit le décès du petit René à la suite d'un accident de voiture survenu le dimanche. Il était amateur de vélo, une voiture l'avait culbuté et envoyé à la mort. Il y eut d'abord quelques exclamations, suivies de chuchotements, puis un silence de plomb. La maîtresse se redressa et nous dit :

— Les enfants, écoutez-moi ! Demain auront lieu les obsèques de René à l'église Saint-Eucher. Vous tous, ses amis de classe, y êtes invités. La messe commencera à 9 heures. Bien sûr, vous serez accompagnés, même si l'église est à proximité de notre école.

Nous nous sentions privilégiés, investis d'une grande responsabilité et terrifiés à la fois.

Ce soir-là, ma mère se rendit compte que j'étais particulièrement tendu. Inquiète, elle m'observa et me posa quelques questions. Je ne souhaitais pas répondre, craignant des complications.

— Qu'est-ce qu'il a, le petit ? demanda Louise, notre voisine, qui venait nous apporter le courrier, des traites à payer surtout.

— Je ne sais pas. Il ne répond pas et il est bien pâle, dit ma mère.

— Eh bien, raconte à ta maman ce qui te tracasse, me dit tendrement Louise.

Rassuré par la présence de Louise, je me lançai dans mon récit.

— Demain, je vais aux obsèques d'un élève de notre classe. Il s'appelle René, ai-je déclaré, sans savoir ce que voulait dire ce mot « obsèques ».

— *Alah Ister*. Que lui est-il arrivé ? s'écria Suzanne.

— Il était à bicyclette et une voiture, boum ! lui est rentrée dedans.

— Ah le pauvre chéri, quel malheur !

— C'était mon ami.

Même s'il ne le savait pas, demain serait peut-être une bonne occasion, la dernière en tout cas, pour le lui annoncer, pensai-je.

— Mais attention, Denis !

— À quoi ?

— Tu ne rentres surtout pas dans l'église !

Je me figeai.

— Mais pourquoi ?

— Mais parce que nous sommes juifs et que c'est péché d'entrer dans une église.

— Mais Maman, qu'est-ce que je vais faire, moi ? Tous les élèves y vont.

— Ce n'est pas grave. Tu expliqueras à ta maîtresse que tu ne peux pas entrer, c'est tout.

— Mais ce n'est pas très gentil, je veux y aller. Que va penser René ?

— Tu ne peux pas entrer dans une église, mon fils. C'est un lieu de prière pour les catholiques, et nous sommes juifs. Eux, ils prient devant une statue, devant leur Messie. Pour eux, le Messie est arrivé. Nous, nous l'attendons encore. Voilà la grande différence entre nos deux religions !

— Leur Messie est arrivé, vraiment ?

— En plus, c'est un Juif, leur Messie. C'était même un rabbin.

— Mais alors, pourquoi ne pas entrer dans une église, si leur Messie est un rabbin ?

— Tu ne peux pas, un point c'est tout ! Et arrête maintenant, tu me fatigues !

— Allez, viens, Denis, laisse ta maman travailler, proposa Louise.

Elle me prit par le bras et m'emmena chez elle. Soudain, elle me lança : « Tu sais, mon petit, des bons dieux, il y en a plein. Ta famille croit à tel Dieu et celle d'à côté, à tel autre. » Elle ajouta, le sourire en coin : « En fait, ce sont les hommes qui ont inventé les religions, et c'est aussi sûrement eux qui ont créé le Bon Dieu. C'est réconfortant d'être protégé par le Bon Dieu. » Comme pour elle-même, elle chuchota « Non, pas tous et pas toujours protégé… » Je la regardai, perplexe.

Souvent, notre chère voisine Louise, une Juive communiste, nous incitait à progresser et à apprendre à lire, elle voulait nous voir nous émanciper.

— Denis, quand tu grandiras, tu ne seras pas comme tes parents.

— Comment ça ?

— Vous, les enfants, vous serez tous des intellectuels, pas des prolétaires.

— C'est-à-dire ?

— Disons que vous aurez un meilleur métier. C'est que vos parents travaillent très dur pour vous nourrir. Pour vous, cela sera plus facile.

— Vraiment ?

— Je le crois vraiment, dit-elle.

Le lendemain, je partis à l'école avec l'idée que j'allais rencontrer le Messie-rabbin des catholiques qui devint le fils de Dieu. Bref, une pensée quelque peu troublante pour un enfant de mon âge.

Je me trouvais au milieu de la foule des élèves devant l'église sans savoir si j'allais y pénétrer ou m'échapper quand, soudain, le grand portail s'ouvrit. Dans un silence solennel, les élèves pénétrèrent et prirent place. Le cœur battant, je me faufilai entre les enfants, essayant d'échapper au regard du Bon Dieu, puisque c'était interdit. Je devais absolument entrer dans l'église. Je fus ébahi par la beauté du lieu. Le Bon Dieu avait ici plus de place qu'à la synagogue de la rue Montesquieu, où l'assemblée était beaucoup plus dense, pensai-je. J'étais ému et effrayé à la fois.

J'entendis une voix qui invitait l'assistance à s'asseoir. Je pris un siège en bois et découvris avec stupeur, au bout de l'allée, le cercueil de l'enfant. Je lui soufflai qu'il était mon ami, mais je ne fus pas certain qu'il m'ait entendu. Comme je tenais à m'en assurer, je haussai la voix : « René, je suis ton ami » et j'eus droit à un énorme « Chuuuuut ». Je demeurai figé pour me faire oublier. Levant la tête pour observer les icônes et les statues, je me demandai, tout en les admirant, comment elles avaient pu atteindre ces hauteurs. Puis, soudain, je croisai Son visage. Il ne voulut pas me regarder en face, il avait la tête tournée vers le bas. Je n'étais pas sûr de bien le voir, car le peu de soleil qui brillait dehors infiltrait à peine les vitraux de l'église. Il faisait sombre, j'avais froid, et j'aperçus alors qu'il avait les mains clouées et les pieds aussi, ce qui me refroidit encore plus. Je l'examinai longuement, me demandant « C'est toi le Messie ? » J'espérais qu'il allait m'adresser un regard. J'avais plusieurs choses à lui demander, mais il m'ignora royalement.

Quand la triste cérémonie du pauvre René fut achevée, en cheminant vers l'école, je priai mon meilleur ami d'enfance, James Epinat qui ignorait la peur, de faire demi-tour.

— Mais pour quoi faire ?

— C'est important. Je dois y aller.

— Tu as oublié quelque chose ?

— Non, je dois parler à quelqu'un.

— Tu dois parler à qui ?

— Je dois… je dois parler à Jésus.

— Je ne comprends pas !

James était un copain à qui je pouvais absolument tout demander.

Arrivé sur la place de l'église, je lui dis :

— Aide-moi à ouvrir cette porte, reste ici et avertis-moi si quelqu'un arrive.

Je m'infiltrai en douce. Le calme régnait dans l'église qui était encore plus obscure qu'auparavant. Je me rapprochai, bien décidé à lui parler malgré la peur au ventre. Je m'assis sur les marches près de l'autel, juste devant lui pour qu'il me voie. Cette fois, je pouvais l'observer de près. J'espérais que son visage se détendrait malgré sa couronne d'épines et les clous enfoncés dans ses mains et ses pieds. Comme cela devait être douloureux !

« Bonjour Jésus… Je m'appelle Denis… Oui, je sais, je ne fais pas partie de ta… C'est-à-dire, je ne suis pas… Bref, je suis juif, mais toute ma volonté est… Je veux dire… Voilà, je voudrais te demander, peux-tu porter aide à ma famille ? Ma mère s'appelle Suzanne et mon père s'appelle Zaki. Ils ne savent pas que je suis ici. Si ma mère me voyait là, elle serait très fâchée, mais je suis juste venu te demander de l'aide. Mes parents sont très malheureux. Ils se disputent et se battent tout le temps. J'aurais voulu faire quelque chose pour eux, mais je suis trop petit et j'ai entendu dire que tu étais juif, alors peut-être que tu es d'accord pour nous aider ? J'ai peur de ce qui peut arriver à ma maman. Tu es le Messie, n'est-ce pas ? »

Mais, subitement, James m'appela :

— Denis, casse-toi, monsieur le curé s'ramène.

Je sortis de l'église. Monsieur le curé passa près de moi et mit gentiment la main sur ma tête sans rien dire, continuant son chemin. Je connaissais bien ce geste.

Je voulais atteindre mon but par tous les moyens. J'espérais que le Messie des catholiques qui était rabbin, comme me l'avait expliqué Suzanne, réconforterait mes parents. Lui pourrait sûrement les réconcilier.

Révolté par mon destin, je tenais à ce que ma famille vive paisiblement, comme tant d'autres. Peut-être modestement, mais heureuse. Je rêvais de vivre dans une maison où les bonnes odeurs de pain du shabbat envahiraient la cuisine. Autour d'une longue table, ma mère servirait un couscous fumant qu'elle aurait roulé elle-même dans la lourde c*assah*a en bois qu'elle avait ramenée d'Algérie, Zaki nous ferait des « hum hum hum » en plein milieu de la prière du vendredi soir pour nous faire taire et nous, les enfants, ça nous ferait pouffer de rire encore plus. Arlette jouerait avec Lucienne avec des os de poulet en V au jeu de *yades*, un jeu de mémoire. Arlette reprocherait à Lucienne d'avoir triché, et moi je râlerai de perdre toujours à ce jeu, car je n'ai aucune mémoire. D'ailleurs, je n'en ai jamais eu.

La chaleur des Nabet sortirait de la bonne marmite avec une légère odeur de *azban*, des tripes farcies que Mireille refuserait de manger, car elle n'en supportait pas l'odeur, une marmite de bonheur que Suzanne nous servirait dans une « bonne ambulance », comme elle disait au lieu de « bonne ambiance ». Une ambiance de famille heureuse.

Chapitre XXIII
Survivre, encore et toujours

Bernouche, c'est ainsi que Suzanne surnommait mon frère Bernard, se préoccupait des tâches administratives : il remplissait les questionnaires de la Sécurité sociale, vérifiait les comptes, rédigeait les lettres destinées aux fonctionnaires. Elle pouvait tout lui demander, il était l'ancre de notre bateau en naufrage ! Moi, j'étais préoccupé par la nécessité de tenir bon durant la traversée du bateau, les jours de tempêtes.

Un soir, cette tempête atteignit force dix malgré mes prières secrètes et étouffées. Le tumulte provenant de la chambre parentale persistait. Dans la cuisine, ayant trouvé refuge sous la table recouverte d'une toile cirée, je comptais à nouveau mes doigts à chaque trêve de l'affrontement. Soudain, ma mère sortit de la chambre en larmes, spectacle insupportable pour moi. J'aurais tant voulu émerger de ma cachette pour la prendre dans les bras, la consoler, lui dire que cela ne se reproduirait plus jamais, que cet homme qui avait perdu son statut de bijoutier et ses rêves de pharmacien, n'étant plus qu'un portier aux Hospices Civils de Lyon, plongeait son désespoir dans un mauvais vin au bar de la rue Bissardon. Cet homme avait depuis longtemps perdu son rôle d'époux et de père. Il partirait un jour, mais personne ne m'écoutait.

Sous la table, j'entendis les talons de Louise claquer sur le sol carrelé de la cuisine. Je fus rassuré. Depuis ma cachette, je chuchotai :

— Je suis là, Louise.

Elle souleva légèrement la nappe.

— Bonjour, mon petit. Ne reste pas là. Viens avec moi, me souffla-t-elle avec douceur.

— Maintenant ?

— Oui, viens !

J'attrapai la main qu'elle me tendait et quittais mon abri pour la suivre. Suzanne se tenait courbée près de la porte vitrée qui donnait sur les chambres. Elle glissa un « merci » à l'oreille de Louise.

— Soyez sans crainte, Suzanne, je vous le ramène. Calmez-vous.

À l'entrée de l'appartement de Louise, les patins de feutre nous attendaient. Nous en enfilâmes chacun une paire pour mon plus grand plaisir. J'adorais avancer en me balançant d'un pied sur l'autre sur le parquet ! Habituellement à l'étroit dans la petite pièce que je partageais avec mes cinq frères et sœurs, j'appréciais chez Louise la grande pièce baignée de lumière qui devenait à la fois mon terrain de jeu et ma patinoire.

— Mais cesse un peu de patiner, veux-tu ? Tu me donnes le tournis ! Viens, je t'emmène à la pâtisserie.

Nous nous dirigeâmes vers la fin de la rue Bissardon. Louise me tenait par la main. Je ne pouvais détacher mon regard de son bras. Jamais encore je n'avais osé lui poser la question qui me brûlait les lèvres.

— Ça, ce sont des chiffres, déclara-t-elle, sans même se tourner vers moi.

— Des chiffres ?

— Oui, des chiffres. C'était mon nom, avant… Mon identité si tu veux, tout comme toi tu t'appelles Denis Nabet.

— Mais tu n'avais pas de nom ? demandai-je, les yeux écarquillés.

— Si, mais j'avais aussi un numéro. Et je ne pourrai jamais l'effacer de mon bras. De toute façon, il restera toujours gravé dans ma mémoire. Ce numéro me prouve que j'ai réussi…

— Réussi à quoi ?

— À survivre…

— Survivre ? À quoi ? Comment as-tu fait ?

Elle m'interrompit :

— Un jour, je te raconterai Denis. Je te le promets. Mais c'est trop tôt pour l'instant. Allez, viens, choisis ta pâtisserie. Et n'oublie pas de te brosser les dents ce soir.

De retour chez elle, Louise me répéta :

— Quand tu seras grand, je t'expliquerai. Je peux juste te dire que ce qui nous a encouragés à survivre, c'est l'espoir. Nous avions la certitude qu'un jour, justice serait faite.

Tout en disant cela, elle frappa la table de deux coups secs, hochant la tête de droite à gauche. J'étais habitué à ce tic qui ne m'étonnait plus. Mes frères et moi, nous aimions imiter cette manie. Notre mère s'indignait alors : « Arrêtez les enfants, ne vous moquez pas de Louise. La pauvre femme revient de loin, de très loin ».

Chapitre XXIV
James Epinat

Un jour que Louise était absente, la violence atteignit une ampleur excessive. Mon refuge sous la table n'était plus un lieu sûr pour un enfant de mon âge. Je me bouchai les oreilles, j'occupai mon esprit de pensées diverses, mais rien n'y fit. Ce jour-là fut particulièrement virulent. Ma mère se mit à se griffer le visage en sanglotant, ce qui était sa façon de nous exprimer sa détresse : « Pas d'issue à l'horizon ». Cette démonstration véhémente du désespoir devint ma hantise. Durant ces instants, je me sentais happé par la folie : elle me frôlait, je l'évitais de justesse. Se griffer le visage était un geste effroyable, il me fallait fuir. Il n'y avait plus lieu de rêver et de s'inventer un autre monde. Je descendis les escaliers quatre à quatre pour échapper aux cris, comme on se sauve des flammes. Il fallait m'évader, tant les sanglots de ma pauvre mère me paralysaient. Sans même me couvrir, je partis dans le froid en courant pour aller rejoindre l'âme sœur de mon enfance qui me ramènerait à la surface, comme on tire quelqu'un qui s'enlise dans les sables mouvants.

Cette âme sœur était James Epinat, un garçon courageux, un esprit pur. Je courus de toutes mes forces pour effacer les échos de la douleur. Je jurai de ne plus jamais revivre ce calvaire, mais le calvaire me rattrapait et me tendait ses pièges : les dettes à payer, les conflits, les huissiers. J'espérais une journée d'accalmie et rien de plus. La paix du ménage, il n'en était plus question.

James Epinat répondait toujours présent pour me réconforter, car il s'agissait bien de me réconforter dans des instants pareils. C'était une amitié forte dont je réalisais plus tard la complexité, car il était issu d'une famille allemande. Le deuxième ami de cette époque, avec qui nous formions un trio, était Hassan Boubeker. Un Allemand, un Arabe et un Juif : nous étions trois ratés de l'amour, trois enfants rebelles au cadre scolaire.

Quelle naïveté d'avoir cru à un Messie personnel qui ouvrirait la porte de la rue Bissardon pour sauver les âmes de notre famille et proclamer la fin de la désolation et des jours moroses : « Me voilà. Maintenant, vous pouvez commencer une nouvelle vie. »

Un Messie particulier, venu spécialement pour le petit Denis ? Mais réveille-toi l'enfant, aucun Messie ne viendra. Il y a bien longtemps que les miracles n'existent plus ! Le Messie n'arrivait toujours pas, et mes tentatives de faire signer à mes parents un traité de paix avaient échoué. Ils n'optaient pas pour l'accalmie, encore moins pour une réconciliation. Ils n'en avaient pas l'envie, je n'avais pas les mots.

Grâce à James, l'enfant malingre que j'étais, le dernier-né de la famille, le dernier en classe, le dernier à savoir ce qu'il se passait – c'est toujours le cas aujourd'hui – rêvait de prendre son destin en main.

— Tu dois devenir le héros que tu veux être ! s'exclama James.

— Mais comment ? Moi, devenir le justicier masqué ?

— D'abord, on va te préparer un masque, une épée et une cape. Après, je t'apprendrai à voler.

— À voler dans les airs ?

— Ouais, dans les airs, mon mec, exactement ! Comme ton héros.

J'attribuais à cet ami très cher qui avait mon âge de grands pouvoirs, capables de me soutenir, de m'encourager, de me sauver. Je décidai de lui accorder mon entière confiance. Un jour, en classe, madame Veber lui ordonna de se mettre au premier rang afin qu'il cesse de bavarder. Comme il s'ennuyait, il dessina l'entrejambe de madame Veber, assise devant lui sur l'estrade, à hauteur de son regard. Elle lui arracha la feuille des mains et regarda le dessin :

— James Epinat, montez sur l'estrade et entrez dans la poubelle.

— Je refuse, Madame.

Elle le gifla si fort qu'il bascula, mais sans tomber. Il ne pipa mot.

— Levez-vous et allez immédiatement chez monsieur le directeur !

Il prit son cartable et sortit calmement. Il fit le mur et prit la clé des champs.

James propageait autour de lui une insouciance communicative. Il me proposa d'habiter le personnage que je vénérais. Il prépara avec moi une longue épée à partir d'une branche à laquelle il ajouta un manche en plastique, puis une cape et un masque noir du même tissu. Le chapeau n'avait aucune importance à nos yeux. Le principal était de faire justice. Le justicier qui signe avec la pointe de son épée allait rendre la vie de Zaki tellement rude qu'il quitterait la maison pour toujours. Mais avant de combattre Zaki, il fallait d'abord se préparer et s'entraîner. James réussit à m'endurcir. Plein d'élan, il s'activait, essayant d'éveiller en moi l'énergie nécessaire pour retrouver un peu d'enthousiasme, le goût du jeu et l'enfant enseveli au fond de mon être.

Grâce à l'amitié pure et sincère de James et au nom de tout ce que l'on allait entreprendre ensemble, je réussissais à fuir la douleur, à m'épargner un éventuel traumatisme, à chasser les émotions, les frustrations, les frayeurs, à renforcer mon assurance et à recommencer à vouloir, à désirer, à oser. De nos jours, on l'appellerait un coach. Il avait une vitalité inébranlable. Il était déterminé et m'encourageait sans fléchir à me dépasser moi-même.

Un jour, en rentrant de l'école, il me déclara :

— Denis, tu sais ce qu'on va faire aujourd'hui ?

— Non, pas encore.

— Nous allons nous envoler !

— Non, pas ça !

— Si, nous allons nous envoler !

J'eus l'impression de vivre mes dernières heures. Se dépasser d'accord, mais fallait-il absolument accomplir des manœuvres aussi périlleuses ? Cependant, je restais confiant. Nous nous rendîmes dans la petite cabane que nous avions construite et aménagée au milieu du bois qui sépare le quartier de Caluire de la Croix-Rousse. C'est là que nous confectionnions épées, arcs et flèches, c'est là que nous nous transformions en Zorro ou en Robin des Bois, ces personnages qui prenaient aux riches pour donner aux pauvres. Il n'est pas impossible que mes convictions politiques proviennent de là.

Sorti de la cabane, je portais masque, cape et épée. James m'indiqua un mur entourant une petite maison en béton appartenant à EDF. Il mesurait environ trois mètres de haut et la distance entre le mur de pierre et la maisonnette, un mètre cinquante. J'avais peur. James donna l'exemple et sauta le premier. Il dut attendre un bon quart d'heure avant que je ne le rejoigne. D'un coup, je pris mon élan et voltigeai dans les airs, avant d'atterrir aux pieds de James. Heureux de mon succès, je respirai enfin, mais il me demanda de recommencer pour effacer la peur. La sœur de James, Olga, nous rejoignait de temps à autre dans nos péripéties « casse-cou ». Elle avait une énergie semblable à celle de son frère et participait à nos jeux de héros en herbe. Ces jeux dans les bois me ramenaient à la vie. Moi qui me noyais lentement, sans me débattre, je refis surface. Je n'étais plus seul au monde. Derrière le mot « courage » se dissimulaient la peur, l'angoisse et l'inquiétude. Grâce à James, je commençais à surmonter mon chaos quotidien. J'allais enfin pouvoir effacer Zaki de ma vie.

Ce petit bois entre la Croix-Rousse et Caluire était la sauvegarde de notre enfance, l'abri de nos secrets et de nos rêves les plus farfelus. Il était planté d'arbres aux troncs fins et élancés, proches les uns des autres, ce qui faisait barrage à la lumière du soleil. Nul rayon ne pouvait y pénétrer et pourtant, ce bois a éclairé mes premières années.

Dans ce bois dense et ombragé, une fleur poussait au beau milieu de l'obscurité et de la solitude. Comme par miracle, cette fleur se fortifia et s'enrichit de toutes les couleurs : couleur de rire, de bravoure, d'émotions, couleur de bonheur. Cette fleur était arrosée par l'amitié et la confiance, malgré le passé que j'allais découvrir, portant bottes de cuir et croix gammée qui avaient menacé de l'écraser. Je m'investissais corps et âme pour la protéger. Allait-elle se faner ? À moins qu'elle aussi apprenne à survivre.

Notre amitié eut à surmonter un rude défi. Un après-midi, je déclarai à qui voulait l'entendre que j'allais jouer chez James. Tout à coup, ma sœur Lucienne devint livide et s'écria :

— Ça va pas chez toi ? Tu n'iras pas chez James Epinat.

— Pourquoi pas ?

— Tu n'es pas au courant ?

— Qu'est-ce que je dois savoir ?

— Tu veux te jeter dans la gueule du loup ?

— Quelle gueule du loup ? C'est mon meilleur ami !

— Ouais, mais ce sont des Allemands !

— Quoi, des Allemands ?

— Les Allemands pendant la guerre ont assassiné plein de Juifs !

— Plein de Juifs ?

— Oui plein ! Six millions exactement, s'exclama Lucienne. Tu ne dois pas aller jouer chez eux. Ce n'est pas prudent. De plus, tu ne peux pas avoir pour copain un Allemand. Ce n'est pas logique ! Ça ne se fait pas ! Enfin, tu peux comprendre ça, non ?

J'allais fondre en larmes. La peur me prit au ventre. Une avalanche de questions angoissantes dévalait dans ma tête. Est-ce possible qu'il fasse partie de cette folie ? Moi, j'ai rencontré un Allemand qui m'a redonné goût à la vie, un Allemand qui m'a fait pousser des ailes. Assis dans mon allée, sur les escaliers en pierres à motif d'oignons, je me résolus à me lever. Lourdement, je pris la direction de la maison de James, rasant les murs de la rue Bissardon, examinant les arrêts de volets des boutiques en fonte, en forme de gueules de personnages, rivés au mur. Je les faisais balancer avec mon doigt pour qu'ils émettent un bruit de métal rouillé. Ce petit jeu, je le pratiquais souvent au retour de l'école, mais cette fois-ci, cette distraction visait à me calmer. J'adorais observer ces petits bonshommes. Fallait-il faire demi-tour ? Frapper à la porte d'une famille allemande n'était sans doute pas la meilleure chose à faire. Et si Lucienne avait raison ? Il fallait calmer mon enthousiasme ! Arrivé au bout de la rue Bissardon, je n'avais plus qu'à la traverser. C'est ce que je fis le cœur battant. Je me tenais devant la grande porte du vieil immeuble de James, incapable d'y pénétrer. Tout à coup, elle s'ouvrit et James apparut, là devant moi, avec son grand sourire.

— Ah, te voilà, viens avec moi.

— Où ça ?

— Allez, magne-toi, on aura plus de temps pour jouer.

— Mais où on va ? demandai-je d'une voix tremblante.

— À la boulangerie, pardi. Je veux acheter des chaussons aux pommes et des petits pains au chocolat pour le quatre heures, me rassura-t-il, comme s'il avait deviné mon angoisse.

— Écoute, je crois que je dois rentrer chez moi.

J'avais décidé de sauver ma tête.

— Quoi, mais il est tôt ! Tu ne vas pas me faire ça, j'ai préparé tous mes soldats. On va se faire une chouette guerre.

J'aurais voulu lui répondre : « Je ne peux pas venir chez toi, vous êtes des Allemands, vous avez tué plein de Juifs, et je ne veux pas faire la guerre avec des Allemands. J'ai la trouille de venir chez toi. Je n'ai pas le droit, et ce n'est pas convenable… »

Mais je ne répondis rien et je le suivis. Je ne sais pas si c'était par crainte de perdre mon ami ou bien à cause d'une tentation incontrôlable pour le chausson aux pommes et le pain au chocolat. Je marchai derrière lui. Nous montâmes les escaliers dans le noir, car la minuterie ne marchait pas. Je devinais chaque marche. Je me disais que l'escalier était tout à fait approprié pour arriver en enfer. La porte allait bientôt s'ouvrir, toute la famille m'attendrait et j'allais disparaître.

La porte s'ouvrit. Je traversai la pièce tout en jetant un long regard sur les bibelots, puis sur le mur recouvert d'une tapisserie riche de nombreux motifs. Au milieu se trouvait une longue table en bois. Sur l'une des chaises qui l'entouraient, à droite, siégeait la mère de James. J'ai le souvenir d'une femme forte et généreuse, aux longs cheveux châtains qui lui tombaient sur les épaules. Vêtue jusqu'aux chevilles d'une robe claire, elle était assise devant une porte-fenêtre qui donnait sur un jardin touffu. Elle reprisait des chaussettes. Elle ne se retourna pas à notre arrivée. Je ne voyais que son dos et ses longs cheveux. À gauche de la table, il y avait deux fauteuils de chaque côté du tapis. Assis à même ce tapis, nous étions résolus, sans autre forme de politesse, à pique-niquer et à dévorer chaussons aux pommes et pains au chocolat. On pouvait entendre mon cœur battre comme un tambour. J'étais bel et bien en vie, et nous nous régalâmes.

Un dimanche matin, je fus réellement terrorisé à cause de mes origines. Nous jouions sur les pelouses de la Croix-Rousse, Hassan, James et moi. Soudain, Sam, le frère de Hassan, se joignit à nous. Sans préparation aucune, il me balança : « Normalement, je devrais t'égorger, car tu es mon ennemi, mais comme tu es l'ami de mon petit frère, alors je te laisse la vie. » Le jeu fut aussitôt interrompu. Personne ne savait comment réagir. Fallait-il rire ou protester ? L'ignorer fut encore la meilleure réaction. Bien sûr, je fis mine de ne rien comprendre. De quoi parlait-il ? Que me voulait-il ? Ses propos m'attristèrent. J'aimais beaucoup Hassan et, malgré la menace, je continuai d'aller chez lui sans crainte.

Cette amitié profonde et solide avec James Epinat se prolongea toute mon enfance, jusqu'au jour où il vint frapper à ma porte et demanda à me voir. Il était livide.

— Eh ben, qu'est-ce qu'il y a ?

— Je m'en vais.

— Où ça ?

— En Allemagne.

— Pour combien de temps ? demandai-je, stupéfait.

Il ne répondit pas. Pour la première fois, je vis une larme couler sur son visage. Au bout d'un moment, il dit tristement :

— Nous partons pour toujours. Nous quittons la France pour l'Allemagne.

— Et c'est loin, l'Allemagne ?

— Non pas trop. Je pourrai venir te voir à Lyon.

— J'espère bien !

Nous savions tous deux que c'était là un doux mensonge. Sans plus attendre, il me demanda de le suivre. Arrivé devant chez lui, il me prit affectueusement dans ses bras, me serra très fort un long moment. Pour arrêter ce moment embarrassant, je lui demandai :

— Tu quittes la France quand exactement ?

— Après-demain. Mes parents n'ont rien voulu me dire jusqu'au dernier moment, et comme je ne saurais pas te dire adieu, va-t'en maintenant.

— Au revoir, James, dis-je, ému, et je m'en allai.

Je m'éloignai d'un pas lourd. Je me sentais seul. Une solide amitié pouvait-elle se briser malgré nous ? Rebonjour, solitude !

Qu'allais-je devenir sans James ? Bien des années plus tard, lorsque je revins à Lyon, cette ville qui était une partie de moi-même, je me rendis à Caluire, rue Bissardon, devant le lourd portail au bout de l'allée où James avait habité. Je me résolus à y pénétrer pour sentir son odeur. Puis, je me rendis chez la boulangère pour lui demander si une personne du nom de James Epinat avait déposé une lettre, un mot pour un certain Denis Nabet. C'était bizarre de penser à James adulte. La boulangère me regarda curieusement :

— Il y a deux ans, quelqu'un m'a posé la question inverse !

Finalement, les miracles de Facebook m'ont permis de retrouver James en 2012. Il logeait à Munich. Je me rendis chez lui : j'avais récupéré mon ami d'enfance.

Chapitre XXV
La vie à Bissardon

Lyon, 1965 – Les Tours

Je fus réveillé par le silence. J'ouvris les yeux. Je dormais dans la grande chambre où cinq lits en fer étaient alignés côte à côte. Le mien se trouvait près de la grande fenêtre. Cette fenêtre était sacrée pour moi, car j'y appris bien des choses sur mon identité. Bernard me raconta son premier amour sous un ciel étoilé. Nous rêvions d'un monde meilleur. C'est là que j'ai compris un jour que mon vœu se réaliserait, que mon Messie personnel arriverait. Cette fenêtre ouverte sur le monde me promettait un je ne sais quoi que je n'osais espérer. J'y ai vécu non pas des miracles, mais une prophétie…

Suzanne m'avait mis au lit pour la sieste. À l'âge de sept ans, j'étais tenu de me coucher une heure le dimanche après-midi. Je détestais ce moment, car j'avais l'impression que la vie continuait sans moi, que je ratais quelque chose. Je compris plus tard que ma mère avait besoin de se concentrer et de rester calme en attendant les tours…

J'avais donc ouvert les yeux sur ce dimanche ensoleillé. La grande fenêtre sacrée dominait tous les jardins du quartier. Cet après-midi-là, la fenêtre laissait pénétrer un rayon de soleil où des centaines de milliers de particules de poussière se mouvaient dans tous les sens. De la main, je m'amusais à changer leur direction et les faisais s'évader de leur rayon. J'aurais tant voulu changer ma trajectoire et m'évader à mon tour. Un jour, mon Messie viendrait et tout serait différent. Allongé sur mon lit de fer, j'écoutais le silence. Dehors, les oiseaux chantaient, indifférents à mes peurs. Un calme troublant régnait dans la maison. Il faut dire que les cris et les pleurs de Suzanne, que je craignais plus que tout, avaient cessé depuis que Zaki était parti. Le soleil disparut derrière un nuage, la course folle des particules s'arrêta brusquement, et je compris que mes gesticulations n'avaient pas plus de sens que ces particules de poussière qui tournoyaient.

J'entendis alors un chuchotement qui provenait de la cuisine. Je me levai doucement, quittai sans bruit la fenêtre pour me diriger vers la cuisine à pas de loup. La porte était entrouverte. Je découvris pour la première fois le spectacle des tours. Suzanne et Bernard étaient assis, l'un et l'autre très concentrés. Sur la table, une ville couverte de tours comme New York : des tours hautes et élancées, d'autres plus basses, des trapues et, entre les tours, des rues et des croisements formés par les lignes de la toile cirée. Je vis Bernard construire de nouvelles tours, encore et encore. Je crus que Suzanne et Bernard avaient inventé un nouveau jeu. En fait, ces tours étaient le reflet de notre existence, de notre lutte pour la survie. Bien loin de New York, ces tours étaient celles de notre pauvreté, celles de notre existence de famille nombreuse.

Bernard formait des piles de dix centimes, de cinquante centimes, d'un franc, de cinq et dix francs. Il aidait Suzanne à calculer si nous allions parvenir à finir le mois. Dès son jeune âge, Bernard avait accompagné Suzanne dans les tracas de l'existence. Il l'aidait dans sa lutte pour la survie en comptant les pièces pour savoir s'il y en avait assez pour payer la boucherie casher, les flûtes de la boulangerie, les courses à l'épicerie, le marché et le loyer…

La pauvreté ne me préoccupait pas. J'admirais Bernard et remettais mon sort entre ses mains. J'adorais contempler les tours qu'il édifiait avec patience. Je me demandais comment j'allais lui dérober quelques pièces. Tout ce que je voulais, c'était prendre un peu d'argent pour m'acheter une meringue au chocolat à la boulangerie.

Ce jour-là, je n'eus pas besoin de lui en voler. Suzanne nous envoya à la boulangerie, le royaume du pain français. L'odeur des dernières fournées nous fit tourner la tête. Des mamies achetaient demi-baguette, ficelle ou pain au chocolat. Nous demandâmes six flûtes à crédit, moi un peu honteux, mais Bernard pas du tout, que la jeune boulangère marqua sur son carnet. Les bras chargés de nos flûtes, nous étions une famille hors norme, un peu honteuse sans doute, riche de quelques gâteaux de notre choix que Suzanne, patiente et généreuse, nous avait autorisés à acheter. Tout au plus, il fallut les rajouter sur le carnet à crédit de la jeune boulangère. Après une hésitation, nous cassâmes le quignon d'une flûte qui libéra alors les senteurs de la mie de pain bien chaude, que nous mangeâmes avec délice.

Quand nous fûmes arrivés dans l'allée de notre très vieil immeuble, au 12 de la rue Bissardon, Bernard commença à me parler des deux vieilles sœurs du dernier étage qui ne sortaient jamais de chez elles. Il pensait qu'elles étaient mortes... Quand la minuterie s'éteignit, il m'attrapa vigoureusement la cheville, poussant un petit cri strident. Je sursautai en hurlant. Lorsque je parvins à me dégager de son étreinte, paniqué, je grimpai les étages, quatre à quatre, mes flûtes à la main, hurlant toujours :

— Maman ! Maman ! Bernard me flanque la trouille. Il dit qu'en haut il y a deux grand-mères qui sont peut-être déjà mortes.

— Arrête, ce sont des bêtises ! Ne crois pas tout ce que ton frère te raconte, dit Suzanne amusée.

— C'est pas vrai ! j'lui ai rien fait... quel pleurnicheur celui-là ! répondit Bernard en éclatant de rire à son tour.

Il continua des années durant à me faire subir cette brimade.

Bernard était, de mes treize frères et sœurs, le plus proche de moi. J'ai tant appris grâce à lui. Souvent, près de la fenêtre sacrée, Bernard donnait libre cours à sa passion, devenue avec le temps la mienne, sinon celle de toute la famille Nabet : le rythme. Comme mon père n'était plus là pour le réprimander à cause du bruit, et que Suzanne n'avait plus de raison de le mettre en garde : « Ton père dort, il a travaillé de nuit », Bernard pouvait s'en donner à cœur joie. Il commençait à battre des mains, puis se lançait dans un solo de batterie imaginaire. Ses doigts tapotaient l'encadrement de la fenêtre à un rythme effréné. J'aimais l'imiter. À chaque fois, il s'arrêtait pour me prodiguer des conseils et nous reprenions ensemble la mesure. Il avait le rythme au bout des doigts.

Longtemps, il m'a servi de modèle. Plusieurs années plus tard, adolescent, je me suis offert une batterie, une vraie. Pendant plusieurs jours, j'ai sué sang et eau pour parvenir à jouer un modeste solo avec les baguettes et les pinceaux. Un soir, Bernard est entré dans ma chambre et m'a demandé s'il pouvait jouer. J'ai souri et lui ai donné les baguettes. Il s'est assis devant la batterie et s'est livré à un solo qui n'avait rien à envier à celui d'un batteur professionnel. Le vrai batteur de la famille, c'était lui ! Tandis qu'il jouait, moi je potassais des mois durant les manuels pour apprentis percussionnistes, progressant lentement. Je regrette qu'il n'ait pas pris son talent au sérieux. Son avenir aurait pu être tout autre.

Cette grande chambre de notre appartement était le centre nerveux des expériences de notre enfance. Elle avait beau contenir des lits en fer alignés les uns après les autres, le bonheur s'y était installé ! C'est qu'elle menait à une grotte d'Ali Baba, le coffre-fort de notre enfance : une large soupente à laquelle on accédait à l'aide d'une grande échelle en bois. Cette soupente était un trésor, la cachette de Bernard, que je voulais mienne. L'accès m'en était interdit, aussi j'attendais qu'il sorte pour monter sur l'échelle en bois et découvrir, dans un silence religieux, la caverne aux trésors de Bernard.

À gauche se dissimulait une vieille table d'écolier munie d'un pupitre dont l'odeur de bois et d'encre séchée dégageait le parfum de notre enfance. Au centre étaient rangées, les unes à côté des autres, des bouteilles d'encre et des plumes bien alignées. À gauche se trouvaient trois cahiers empilés et à droite deux buvards. Une chaise à barres de bois était placée sous la table. L'ordre et la propreté régnaient dans la soupente. On y respirait l'air d'antan. Je ne résistais pas à l'envie de m'asseoir à sa table pour me sentir grand, pour me sentir écolier, me sentir bon élève comme mon frère, alors que moi, je n'en foutais pas une rame. Plein d'admiration, j'ouvrais ses cahiers couverts de triangles, de losanges et de chiffres. Bernard s'acharnait, ne lâchait rien. Cet entêtement lui valut le surnom de « Monsieur, j'comprends pas », car sans hésitation aucune, il levait le doigt et interrompait le déroulement du cours en répétant « Monsieur, j'comprends pas ».

Bernard avait maintes fois essayé de m'aider à faire mes devoirs, mais, comme nombre de mes proches qui s'y étaient risqués avant, il finissait par désespérer de m'arracher le moindre résultat. Bien des années plus tard, le cancre que j'étais souffrit d'un déficit de concentration et de motivation. Ce n'étaient sûrement pas les gifles du directeur de l'école de la rue Eugène Pons à Lyon qui auraient pu les stimuler. Bernard était patient avec moi. M'asseoir à sa table dans la soupente m'offrait, pour un instant, l'illusion d'être un élève discipliné.

Le plus précieux des trésors parmi ceux qu'abritait sa soupente était un assortiment de vieilles boîtes en fer, hautes et rondes, décorées d'arbres fruitiers exotiques. Elles étaient pleines de billes de toutes les couleurs. Un jour, d'une main tremblante, je pris quelques-unes de ces merveilles acquises au jeu avec effort, que je dilapidai avec la même énergie. Bernard, lui, savait bien viser et bien tirer. Bien sûr, le lendemain, je revins en prendre, car j'avais perdu tout le butin dérobé la veille. Ce petit manège continua. Je m'efforçais à chaque fois de n'en soustraire qu'une petite quantité afin qu'il ne s'en rende pas compte. C'est que j'étais accro et bon perdant. Un soir, Bernard me gronda gentiment : « Merde, mes billes ! Denis, tu arrêtes de piocher dans mes boîtes de billes. Démerde-toi à les gagner tout seul tes billes ! Moi, je me tue à les gagner et toi… » Je courus me planquer derrière ma mère. Le lendemain, à ma grande surprise, il décida de me donner un quota quotidien de quelques billes, pour limiter les dégâts. Mais je continuai à en piquer, malgré moi.

Chapitre XXVI
« Dieu Bénisse »

Un soir de décembre, Bernard m'appela : « Denis, viens voir ! » Il voulait que je me rapproche de la grande fenêtre, la « fenêtre sacrée », comme s'il avait préparé un tour de magie. J'hésitai, ignorant ce qui allait m'attendre. Je me rapprochai lentement et découvris dans la nuit un spectacle émouvant, à l'image d'une toile impressionniste. Toutes les fenêtres au loin étaient éclairées par des lampes à huile en verre, alignées sur leur rebord. Le quartier était en fête.

— C'est comme les lampes du shabbat que maman allume le vendredi soir, m'expliqua Bernard.

Je ne compris pas ce qu'il disait tant j'étais saisi par le froid et par la beauté de cette nuit de décembre. La fenêtre était grande ouverte. Il faisait froid, mais nous avions chaud au cœur. Dans chaque petit verre dansait une petite flamme, et il y en avait des centaines. Chaque fenêtre du quartier nous envoyait sa petite lumière comme une lueur d'espoir, comme une étincelle de joie.

Chaque année, à cette date précise, le 8 décembre, toute la ville était illuminée pour fêter la sainte Marie qui avait sauvé les Lyonnais de la peste. Ce soir-là, tous les citadins revêtaient leur ville d'un habit de fête, incandescent et brillant, formant un bal de lumière fabuleux. Mon premier réflexe fut de proposer à Bernard d'en faire autant : « Viens, on fait comme eux, on va prendre des petits verres et les remplir d'huile pour éclairer notre belle fenêtre ! » Je voulais faire partie du décor, vivre en symbiose avec ses habitants. J'avais sept ans et je voulais déjà m'évader vers un monde meilleur.

— Non, ce n'est pas possible, me répondit Bernard.

— Pourquoi ? demandai-je. Je vais chercher des verres, de l'huile, et on fait pareil.

Bernard m'attrapa par le bras et me dit : « N'y va pas ».

— Mais pourquoi ?

— Parce qu'ils commémorent l'apparition de la Vierge ! s'exclama-t-il.

— Et ben, nous aussi, on peut commémorer la Vierge.

— Non, on ne peut pas.

— Mais pourquoi ? insistai-je.

— Parce que…

— Parce que quoi ?

— Parce que nous sommes juifs!

— Et alors ?

— La Vierge, vois-tu, c'est Marie, la maman de Jésus qui est le Messie des chrétiens... Nous, on est juifs!

— Mais je veux être catholique pour un soir.

— Tu ne peux pas, c'est péché.

— Allez, Bernard, viens, on les allume, dis-je, les larmes aux yeux.

— Arrête de pleurnicher, c'est comme ça. On ne peut rien faire. Si on le fait, on va se faire engueuler. Ou alors tu le fais tout seul. Moi, je ne m'en mêle pas. Et puis non, après, c'est moi qui morfle ! Je ne veux pas ! En plus, c'est bientôt la fête de Hanouka. Tu pourras allumer tes bougies. Tu ne vas pas pleurer pour ça.

Je restai là devant la fenêtre face à cette beauté dont j'étais exclu, c'était un peu mon histoire. Bernard a toujours eu dans ma vie ce rôle de mentor. Le berger qui me remet dans la bonne direction et m'aide à regarder la réalité en face.

Une fois de plus, mon identité de Juif me frappait en pleine poitrine. Nous étions différents, nous étions juifs… L'enfant que j'étais regardait les lumières et s'interrogeait : Qu'est-ce que ça veut dire « Juif » ?

Dans notre famille nombreuse, « Dieu bénisse », comme disait ma mère, tout le matériel scolaire, comme les vêtements, passait entre mes frères en héritage. Un jour, je reçus « le gros pull rouge », légèrement déformé, que je fus fier de porter. Ce pull rouge me donna l'idée de m'approprier aussi la soupente. Je demandai à ma mère la permission d'y accéder pour soi-disant faire mes devoirs. En fait, c'était pour réaliser mon rêve et bâtir la grotte de mon héros préféré, « le cavalier qui surgit hors de la nuit et signe son nom à la pointe de l'épée ». Je voulais jouer avec mon meilleur ami James dans la soupente de Bernard. Après notre première journée de jeu, vu le tohu-bohu, il n'en fut plus question.

Par contre, dans la grande chambre à coucher que surplombait la soupente, tout pouvait se réaliser. Nous pouvions nous évader vers nos rêves. L'imagination était notre refuge : parfois la chambre se transformait en une vieille ville de western entourée de montagnes, parfois en des tunnels obscurs. Un jour, comme nos parents ne pouvaient pas nous payer de place au cirque, Jean-Jacques décida d'apporter le cirque à la maison. Cette journée fut catastrophique. Jean-Jacques fut le dompteur et Bernard un lion féroce. Un drap à la main en guise de fouet, il commandait à l'animal : « Saute, lion, saute ! » Et le lion faisait de grands sauts d'un lit à l'autre. Jean-Jacques répéta une fois de trop : « Saute, lion, saute ! » À cet instant, le cirque commença vraiment ! Le lion avait raté son saut et s'était blessé à la patte. Bernard était tombé sur la barre du lit. La blessure laissait apparaître le tibia. Paniquée, Suzanne emmena Bernard chez le médecin et Jean-Jacques courut se cacher par crainte d'une grosse engueulade de la part de Zaki.

Nous étions les trois garçons turbulents ayant survécu sur les cinq venus au monde et, comme j'étais le dernier des quatorze enfants de la famille, c'est moi qui bénéficiais des réactions parfois virulentes de la part de mes sœurs.

Le dimanche, il y avait le jeu du tunnel. Il s'agissait de traverser un tunnel formé de couvertures. Chacun à son tour devait le parcourir courageusement dans l'obscurité. Jean-Jacques était le premier, ensuite Bernard et, lorsqu'arrivait mon tour, mes frères refermaient sur moi les couvertures en me battant jusqu'à ce que ma mère vienne me délivrer en entendant mes cris étouffés. Je crois que le sort des derniers nés dans les familles nombreuses est de hurler très fort et d'appeler leur mère au secours des diableries de leurs aînés.

Le vendredi soir, j'observais ma mère, la tête couverte d'un foulard, allumant deux verres d'huile en guise de bougies, sur lesquels flottaient des mèches. Elle priait en silence, ramenant les mains à ses yeux fermés, et c'est à peine si je voyais ses lèvres bouger. Toutefois, je pouvais deviner le sens de ses prières. Tandis que les bonnes odeurs du couscous qu'elle avait roulé dans un énorme récipient en chêne embaumaient la salle à manger, mon père, placé au bout de la longue table de famille nombreuse, chantait les chants du shabbat. Pourvu que ça dure, pensions-nous.

Tous les dimanches matin, alors que tous mes amis de classe dormaient profondément, je devais me lever et prendre deux autobus pour le Talmud Torah à la synagogue de la rue Montesquieu. Ce lieu de culte était constitué de deux synagogues. Séparées l'une de l'autre par une grande cour, elles étaient dirigées par deux rabbins, Malka et Assouline. Ils portaient des chapeaux noirs hauts de forme avec un pompon au centre, un châle de prière noir et blanc sur leurs épaules flottant derrière eux. Hormis la présidence de l'office, ils devaient égorger les volailles afin de rendre la viande casher, tâche qui s'effectuait au milieu de la cour, entre les deux salles. Ils fermaient le portail afin de préserver les passants du spectacle peu ragoûtant. Les rabbins tenaient les poulets par les pattes, les déplumaient puis, au rythme d'une prière, les égorgeaient avec une lame particulièrement aiguisée. Pour les saigner, ils les plaçaient dans des sortes d'entonnoirs en métal. Cette vision m'a longtemps traumatisé. Parfois, le poulet s'échappait et, la tête pendante, courait dans la cour. Le spectacle était insolite et terrifiant. Lorsque les poulets couraient dans notre direction, nous avions l'impression que c'était nous que l'on égorgeait.

Le dimanche était également consacré à l'apprentissage de cette langue qui s'écrit de droite à gauche et dont les voyelles ne sont pas des lettres, mais des traits et des points. Nous étudiions cette langue très ancienne dans laquelle la Bible a été écrite. Nous apprenions des chants et des prières hébraïques. J'en récitais quelques-unes sur le chemin du retour pour calmer mon angoisse, même si je n'en comprenais pas un mot.

Un de ces dimanches-là, j'eus droit à un tête-à-tête avec le Tout-Puissant. Nous étions assis sur des sièges en bois vernis avec, face à nous, des supports pour les livres de prières. Au fond de la synagogue se trouvait l'arche sacrée qui abritait les *Sifrei Torah,* les parchemins de la Torah. Le rabbin Malka se tenait devant nous et dispensait son cours. Moi, je rêvais. J'admirais les mosaïques au sol et, tout en haut, les vitraux. Un grand rideau couleur bordeaux couvrait l'arche avec, au centre, les Tables de la Loi brodées et, sur les côtés, deux lions majestueux. Pendant que j'observais le décor, je m'assoupis tout doucement. Une fois réveillé, il fallut me rendre à l'évidence : la salle était vide, plus d'enfants, plus de rabbin. J'étais seul.

Dans cet immense lieu de culte, je me sentais tout petit, perdu au beau milieu de la synagogue. Tout à coup, je remarquai que le rideau du tabernacle était légèrement ouvert, de même que ses portes. C'est un signe, pensai-je. Faut-il me rapprocher ou déguerpir ? Le cœur battant, je fis un pas, puis un autre. Il faisait noir dans le tabernacle, mais au fond, tout au fond, je discernai une petite lueur. Dieu se cache-t-il là-bas, entre les parchemins de la Torah ? Attend-il que je me rapproche pour me parler ? Pour sûr, c'est le rabbin qui a tout manigancé. Il m'a laissé seul dans cette grande synagogue pour m'en rapprocher. Il fallut que je monte les deux ou trois marches de l'estrade où se tiennent en général les *Cohanim* pour la bénédiction qu'ils prononcent solennellement les jours de fête. Mes jambes me portèrent tout près du rideau de velours. Terrifié, je me penchai pour regarder à l'intérieur:

« Dieu, vous m'entendez ? C'est moi, Denis, le fils de Suzanne et de Zaki. Dieu, j'espère que vous m'entendez. Si vous êtes là, je voulais vous dire, ou plutôt vous demander… Nous avons besoin de votre aide afin de rétablir la paix entre Suzanne et Zaki. Si seulement vous pouviez rétablir le calme à la maison. Accepteriez-vous que je vous regarde en face ? »

Je tirai tout doucement le rideau de velours : Dieu n'était pas là. Il n'y avait que les gros parchemins couronnés de deux têtes d'anges brodés de fils d'or et d'argent, entourés de clochettes et de chaînes en argent et en or. Soudain, une voix grave retentit : « Hé, petit, que fais-tu seul ici ? Allez, va-t'en, sors de la synagogue, c'est la récréation maintenant. » C'était la voix du rabbin avec son chapeau haut de forme noir à pompon et son grand talit blanc et noir. Il se tenait près de la porte. Je sortis en courant, effarouché, pendant qu'il refermait les portes du tabernacle et tirait le rideau.

Chapitre XXVII
Le balayeur

Dans notre chère école Eugene Pons, à chaque fin de mois, arrivait la terrifiante annonce du classement scolaire. Obsédée par la performance, l'Éducation nationale nous projetait dès le premier âge dans la course aux notes. Le petit Denis que j'étais n'avait guère de ressources pour prendre part à cette compétition. Mon esprit et mon corps refusaient de rejoindre les couloirs du stress scolaire. Le stress étant omniprésent dans ma vie de famille, je n'allais pas y ajouter une crise d'angoisse à cause de mon carnet de notes.

Ce moment était toutefois oppressant. Notre maîtresse, madame Veber, révélait aux élèves le classement de chacun d'entre nous : trente-deuxième… trente et unième. Mon cœur battait la chamade. Je considérais cet étalage public comme une humiliation, une dégradation. Je rêvais de monter sur l'estrade et de faire voltiger la pile de carnets, mais je restais assis, les bras croisés. La maîtresse déclarait *urbi et orbi* que j'étais un cancre, un fainéant : « Denis Nabet, vingt-neuvième ». Mais je ne suis pas un cancre, Madame, je n'y arrive pas, voilà tout ! Mais à quoi bon, pensais-je. Je ne disais rien, j'allais chercher mon carnet, tête baissée.

Si ce n'était que l'affront devant toute la classe, la honte et les regards hautains et dédaigneux des François et des Gérard, des Jacqueline et des Martine, passe encore, mais nous avions pour ordre de faire signer ce carnet de notes par nos parents. Les miens avaient leur combat journalier à mener, ils avaient leurs soucis. Ils étaient totalement absents pour nous. Ils ignoraient tout de nos besoins, sauf celui d'être nourris. Et quand rarement ils le signaient, ils ne manquaient pas de manifester leur mécontentement. Mais, si le carnet de notes tombait entre de mauvaises mains, celles de Mireille par exemple, nous avions droit, en prime, à quelques bonnes paires de claques. Allez expliquer à madame Veber que, dans notre tumulte quotidien, je n'avais aucune chance de pouvoir me concentrer et d'étudier. Toute la fratrie était logée à la même enseigne. Seul Bernard faisait exception. Il revenait de mauvaise humeur à la maison lorsqu'il était second.

Après avoir présenté les premiers mois mon carnet de notes à ma mère, j'ai cessé de le faire afin de ne plus la navrer. Pour ne pas la plonger dans une déprime plus profonde encore, je commençai à signer moi-même mon carnet, imitant soigneusement sa signature. Tout se passa très bien, personne ne se souciant de me demander mon carnet. Un jour pourtant, madame Veber découvrit la supercherie et convoqua mes parents. Ce fut mon grand frère Jean-Jacques et ma mère qui allèrent la rencontrer. Elle leur annonça qu'à plusieurs reprises, j'avais faussé la signature de ma mère sur le carnet de notes. À ma grande surprise, leur réaction fut modérée ou retenue et, surtout, non violente. Pas un reproche, pas un blâme, pas une gifle, comme s'ils s'estimaient responsables de la situation.

Les cancres et les fainéants étaient assis au fond de la classe : Sam, Hassan, James et moi. Le système éducatif nous avait tourné le dos : il ne sortirait rien de bon de ces quatre garnements. Livrés à nous-mêmes, nous n'étions guère parties prenantes des cours. Mais nous étions tous pour un, un pour tous. Notre condition commune avait scellé notre amitié.

Un jour, après la découverte de la falsification, mon frère Jean-Jacques me parla en tête-à-tête pour une séance de motivation.

— Eh, Denis, tu vas te réveiller, ouais ?

Je l'écoutai, fixant ses yeux bleus, ému qu'il ait décidé de me tendre la main…

— Pense à ton avenir, bon Dieu ! Si tu ne fous rien, c'est parce que tu as décidé de ne rien foutre. Qu'est-ce que tu veux faire de ta vie, tu veux devenir balayeur, c'est ça ? Tu veux vivre dans la pauvreté toute ta vie ? Montre que tu es capable de changer, ramène à maman un carnet de bonnes notes ! Tu le peux, vas-y, je sais que tu le peux… Ça lui ramènera le sourire, tu la rendras heureuse. Secoue-toi enfin, tu en es capable !

Voulais-je devenir balayeur ? Cette question me tracassa. De retour à la maison, je rencontrai un balayeur au coin d'une rue. Je m'assis sur un muret pour observer son habit de travail et son balai à gros manche, au bout duquel de longues et solides brindilles fines et souples ramenaient et regroupaient de larges feuilles de chêne ou de marronnier. Chaque feuille découpait sur le sol une forme originale et s'en détachait en y laissant une trace de couleur. Je pris une feuille sur le tas.

Je suivis les mouvements du balayeur et de ses gants. L'homme était robuste. Savait-il seulement qu'il ramassait les œuvres d'art de la nature ? Savait-il que j'étais ému de me tenir auprès de lui ? Un jour, je serais balayeur. Et pourquoi pas ? Je ramasserais avec émerveillement de grandes feuilles jaunes et rouges. J'étais tenté de lui demander de me prêter son balai pour avoir un avant-goût de ce qu'allait être ma future profession. Balayeur ? Pourquoi pas ? Y avait-il d'autres professions que je serais capable d'exercer ? Mais, avant d'en arriver là, si j'essayais de faire sourire ma mère, de lui offrir un peu de joie ?

Cette motivation m'a stimulé. Ce n'étaient pas les bonnes notes qui m'importaient, c'était de faire sourire Suzanne. Il ne tenait qu'à moi de rassembler toute ma volonté, toute mon énergie, toute ma concentration…

Le mois suivant, comme à l'accoutumée, madame Veber entra en classe avec sa pile de carnets. Sans perdre une seconde, elle distribua à chacun son classement. J'étais crispé. Je me tenais droit, sans bouger. L'appel commença : trente-deuxième, trente et unième… vingt-neuvième… Elle n'avait pas encore prononcé mon nom. Dix-neuvième, dix-huitième… Toujours rien. M'avait-elle oublié ? M'avait-elle effacé de son registre ? Neuvième, huitième, je ne comprenais plus rien, j'étais terrorisé ! … Cinquième : Denis Nabet. J'étais cinquième ! C'était sûrement grâce à la rencontre avec le Bon Dieu des Juifs à la synagogue.

— Tu vois, Denis. La volonté peut changer bien des choses. Tu n'auras plus besoin de falsifier la signature de ta mère. Allez, montre ton carnet à tes parents, ça leur fera plaisir et la semaine prochaine, tu t'assieds au premier rang, ordonna-t-elle.

Sur le chemin de la maison, je nourris mon cheval virtuel d'une double portion de foin. Je lui fis un gros câlin, puis je montai les escaliers, fier de l'avoir gâté. Ce moment que mon frère Jean-Jacques m'avait exhorté à réaliser, j'étais sur le point de le vivre. J'avais rempli ma mission. Je n'avais pas rencontré Dieu en tête-à-tête, mais il m'avait écouté. J'allais enfin rendre maman heureuse.

Mais, soudain, je m'immobilisai en plein milieu des escaliers. Souvent, j'avais peur de rencontrer les fantômes des deux mamies qui vivaient au troisième, mortes depuis peu, ou les charbonniers au visage tout noir, mais ce soir-là, je me tins à la rampe de l'escalier sans bouger. Quelque chose de plus effrayant encore me surprit et me glaça le sang. J'entendis les cris et les pleurs de ma mère et le bruit des assiettes qui se brisaient. Je me retournai et descendis les escaliers à toute vitesse. Cartable à la main, je courus sous la pluie sans me retourner. J'étais incapable de rentrer chez moi, je ne savais pas trop où aller, j'étais désemparé.

Ce n'est qu'après un long moment que je me décidai à rentrer chez moi. Le silence qui y régnait me donna des frissons. En ouvrant la porte, je vis qu'il restait encore des éclats de verre au sol. Ma mère pleurait, je la pris dans mes bras. « Mais où étais-tu ? Pourquoi tu n'es pas rentré ? Tu n'as rien mangé, as-tu faim ? Veux-tu que je te serve quelque chose à manger ? » Et moi, pendant tout ce temps, je voulais lui dire que je lui avais apporté quelque chose qui la ferait sourire : mon carnet de notes. Je le déposai auprès d'elle.

— Peut-être que toi et papa, vous pourriez enfin vous parler sans violence, sans crier ?

— Assieds-toi, mon fils. Avec ton père, il est impossible de parler. Il ne fait que nous menacer.

De la chambre, je l'entendis crier :

— Moi, je vous menace ? Tu n'as pas honte de dire ça au petit ? C'est moi qui te menace ?

Comme le ton commençait à monter de nouveau, je quittai les lieux, laissant mon carnet de notes sur la table, ce carnet que personne n'ouvrirait pour en lire le contenu. Suzanne ne s'en réjouirait pas. Un moment de bonheur envolé, disparu, effacé. Pauvre carnet de notes orphelin.

Chapitre XXVIII
Ultimes efforts

Un mois plus tard, sous un pont lyonnais.

— Jas, réveille-toi.

— Humm…

Le vieillard redoubla d'efforts pour réveiller Jas, se baissant, la secouant.

— Jas, réveille-toi. Tu as laissé un inconnu prendre ma place.

Jas leva la tête en direction du vieillard, les yeux mi-clos.

— Mais qu'est-ce que tu fous là, Merlin ? demanda-t-elle à voix basse.

— C'est quoi cette foire ? Qui c'est celui-là ? chuchota-t-il pour ne pas réveiller les autres. J'vais dormir où, moi, maintenant ?

— Chut, Merlin, calme-toi !

— Comment « calme-toi » ? J'vais lui casser la gueule à ce connard.

— Sûrement pas. Il a assez morflé comme ça, ce gamin. C'est moi qui lui ai dit de prendre ton carton et tes couvertures.

— Mais pourquoi t'as fait ça, Jas ?

— Chut, parle moins fort. Tu vas réveiller le p'tit. En plus, ton haleine est trop forte. Je la sens jusqu'ici, ajouta-t-elle.

— On s'en fout ! Pourquoi il dort dans mon lit ?

— Mais tu m'as dit que tu dormais cette nuit sous le pont de Bellecour. Qu'est-ce que tu fous au pont Lafayette ?

— J'ai fait la manche pas loin et, comme j'étais crevé, je suis revenu ici. Je ne vais sûrement pas me taper toute cette marche jusqu'à Bellecour. Mes jambes ne me portent plus !

— Allez, viens, Merlin, tu vas dormir dans mes bras cette nuit, tu en rêves depuis longtemps…

— J'préfère mon carton, lança-t-il en riant.

— Je vous ai pris votre place, M'sieur. Je m'excuse, je vous la rends, M'sieur, dit une voix sous les couvertures.

— Ne bouge pas, petit, reste sous tes couvertures. Merlin va dormir auprès de moi ! lui ordonna Jas d'un ton maternel.

— C'est bon, gamin, ne t'inquiète pas, va ! Continue tes beaux rêves.

— C'est que je n'en ai pas trop, de beaux rêves.

— Pourquoi t'as fugué ? demanda Merlin.

— Ben, c'est pas trop la joie chez moi.

— Qu'est-ce qui t'est arrivé ? demanda-t-il.

— Laisse-le tranquille. Il doit dormir.

— T'as vu, le gamin ? Elle veut pas nous laisser parler !

— C'est bon, Madame, je n'ai pas très sommeil, rassura le gamin.

— Laisse-nous parler entre hommes, Jas. Comment tu t'appelles, gamin ?

— Je m'appelle Jean-Jacques.

— Quel âge tu as ? demanda Jas.

— Dix-sept ans.

— Et ben, raconte, qu'est-ce qui t'est arrivé ?

Jean-Jacques observa le ciel étoilé de juillet. Sous ses couvertures, il grelottait un peu. Pendant sa conversation avec Merlin, il gardait ses distances pour éviter sa forte haleine. Que lui est-il arrivé ? demandait Merlin. Que faisait-il à cet endroit avec les clodos généreux du pont Lafayette, sous lequel il était si bien accueilli ? Passer la nuit dans cet endroit était sécurisant, réconfortant pour son âme, à l'abri des scènes de ménage et du vacarme, de ce conflit parental sans fin. Mais il faudrait bien rentrer tôt ou tard.

— Disons que ma famille n'est pas des plus douces, quoi…

— Ah ouais, c'est la tempête chez toi.

— On peut dire ça comme ça. Beaucoup trop de bruit !

— Au moins ici, c'est plus calme ! T'as bien fait de venir. Tu veux partager un sandwich ou un verre de vin ? proposa Jas.

— Non, merci bien, Madame, dit Jean-Jacques.

— Y a pas de « Madame » ici. Je m'appelle Jasmine, mais Jas c'est mieux. C'est ton père l'agressif ?

— Oui, c'est mon père, et nous tous à la fois. Alors, j'en ai eu marre. J'ai raconté à ma mère que j'allais dormir chez un copain. Comme vous dites, c'est beaucoup plus calme par ici...

Il se recouvrit et s'endormit.

Jean-Jacques avait choisi de s'évader chez ces sans-abri généreux, sous les ponts du Rhône. Mais que pouvait faire un enfant comme Denis, complètement seul, désarmé, invisible au milieu d'un champ de bataille ? Accompagner son frère et fuir chez les sans-abri ? Impossible ! D'abord, personne n'était au courant. Et puis Jean-Jacques ne l'aurait jamais pris avec lui.

Alors, une fois, comme au dernier acte d'une représentation théâtrale, comme l'ultime effort, il joua le tout pour le tout. Un jour d'affrontement, il s'immobilisa au milieu de la cuisine et dans la chamaille, sans même le vouloir, il hurla spontanément. Il hurla de toutes ses forces, à en perdre le souffle. « Arrêtez ! Arrêtez ! »

Mes parents s'immobilisèrent, personne n'osa bouger.

« Il faut tout arrêter, commencer à parler. Oui, parlez-vous », cria l'enfant, exprimant une exigence étonnante pour son âge. Puis il éclata en sanglots, essayant d'articuler à travers ses larmes : « Arrêtez, il faut arrêter de crier. Parlez-vous tout simplement, parlez-vous. »

Les sanglots étouffaient ses paroles et ébranlaient son corps. Se calmant peu à peu, il comprit qu'il avait crié plus fort que tous. Il en avait mal à la tête. Ses tempes cognaient terriblement. Peut-être avait-il crié aussi fort pour se prouver qu'il en était capable, mais surtout pour exorciser la frayeur, la tension, le mal-être qui occupait son âme et son corps. L'enfant terrorisé saignait du nez et ses larmes l'étouffaient. Suzanne le prit dans ses bras et le coucha dans son lit.

Les émotions se bousculaient en lui : « Vous ne voyez pas que vous éteignez mon âme ? Je n'existe donc pour personne ? » se dit-il en s'endormant.

Peu de temps après, ma mère m'annonça :

— Enfin, le divorce est prononcé !

Je n'étais pas sûr d'avoir compris, mais je ressentis une joie immense. Une impression enivrante, un sentiment de grande victoire s'empara de moi, malgré les huissiers, les avocats et les tribunaux.

Découvrir qu'un chapitre pénible et douloureux touchait à sa fin comme un malade du cancer informé par son médecin qu'il est guéri, quel bonheur ! Les assiettes ne se briseraient plus, elles reposeraient au fond du placard. Les murs ne trembleraient plus, ils écouteraient le silence chanter un hymne à la joie. Et si larmes il y avait, ce serait à cause d'elle, à cause de la joie.

L'homme a pris ses dernières affaires, traversé le palier, pour de bon cette fois. La maison entière respira profondément, mais il faudrait encore un certain temps pour briser les chaînes, effacer les traces du ceinturon, les angoisses accumulées des années durant. Enfin, la paix régna dans cet appartement du 12 rue Bissardon. Incroyable comme une existence peut se transformer subitement. Louise, notre voisine juive communiste, vint nous voir et eut un geste inhabituel. Elle prit Suzanne dans ses bras et la serra très fort.

Cependant, le petit Denis restait, lui, très angoissé. Le stress lui collait à la peau. « J'attends de voir », se disait l'enfant. Comme il était le dernier de la liste, « le petit quatorzième », ses sœurs s'autorisaient à le lui rappeler. Il fallait que cela aussi cesse. La violence devait absolument disparaître de la maison, mais quand ?

Mon Messie ne ferait-il donc jamais son apparition ? J'ignorais ce qu'il ferait ou ce qu'il prévoyait. Je ne savais pas comment il procéderait, mais je savais qu'il viendrait.

Chaque jour, je revenais de l'école sur mon cheval noir, cet ami imaginaire auquel j'étais tant attaché. Je savourais chaque détail sur mon chemin, les formes et les couleurs des voitures, les marguerites, les chats, les chiens et surtout les familles. Quelle vision idyllique que ce père tenant son enfant par la main ! Le plus étonnant, c'était que l'homme l'écoutait et répondait à ses questions. Tous deux me paraissaient venir d'un autre monde. Moi, j'étais l'enfant qui n'existait pour personne.

Arrivé au clos Bissardon, je faisais une pause dans la cour de châtaigniers, assis sur un de ses bancs de pierres multicolores. Je ramassais les châtaignes qui perçaient leur coquille et brillaient comme des sous neufs. J'en ramassais d'autres, laissant ces minutes de mon existence défiler. J'appréciais ces instants que personne n'a jamais pu me dérober, me soutirer, m'arracher. Puis, de la cour des châtaigniers jusque chez moi, il me restait un peu de chemin pour prier : « Dieu, fais que personne ne soit à la maison, qu'elle reste calme, que je n'y entende plus de pleurs. »

Un jour, je découvris quelque chose de plus effrayant encore que tout ce tintamarre. Ce fut la peur de la séparation, de la perte. Ma mère, Suzanne, entra à l'hôpital. Il fallait l'opérer, c'est-à-dire lui ouvrir le ventre, m'expliqua Bernard, pour lui soustraire le mal qui la rongeait de l'intérieur. Durant ces journées interminables, une nouvelle question empoisonnait l'atmosphère : « Qu'allions-nous devenir ? »

Deux semaines plus tard, ma mère revint à la maison, saine et sauve. Pourtant, mon Messie n'était toujours pas apparu. Sûrement qu'il me réservait d'autres miracles…

Chapitre XXIX
Épilogue

Les années passèrent. La violence s'apaisa après le départ de Zaki, elle était devenue une drogue dont je fus très vite désintoxiqué : je ne passais plus mon temps sous la table.

Rêvassant devant l'allée de James, j'imaginais qu'il n'était jamais parti, qu'il était chez lui à m'attendre. Je n'aurais qu'à monter les marches, je frapperais à sa porte, il l'ouvrirait et m'inviterait à entrer. Il était parti depuis déjà un an. Un an pendant lequel je ne sautais plus entre les toits et n'entrais plus dans les bois de la Croix-Rousse pour tailler des arcs ou des épées. Zorro n'était plus là, James n'étant plus à ses côtés. Robin des Bois n'existait plus. Hassan aussi avait disparu du quartier. Je n'avais rendez-vous qu'avec moi-même, mais parfois moi-même ne voulait plus jouer avec moi. Alors je sortais, je déambulais, dépourvu d'inspiration et de motivation. Le gris de l'esprit, le gris des murs du clos Bissardon et celui du ciel se confondaient.

Il n'était plus question de la synagogue de la rue Montesquieu le dimanche. Ma mère nous emmenait au parc de la Tête d'Or, lieu magique de mon enfance, car j'y découvris cet art bien lyonnais, le théâtre de Guignol. C'est là que je contractai pour la première fois cette fièvre salutaire qui me conduirait plus tard à faire de cet art mon métier : la scène. La première de la famille à avoir été attirée par cet art comme spectatrice fut ma mère. Elle ne manquait jamais, sauf lorsque le drame se jouait chez nous, l'émission hebdomadaire « Au théâtre ce soir ». Elle y découvrait des pièces en tous genres, les yeux écarquillés. Les miens étaient fixés autant sur ma mère que sur l'écran de télévision. Les mains dans la farine, elle critiquait tout comédien jouant son rôle de façon caricaturale au lieu de nous inviter à découvrir l'humanité du personnage. Son « Bon Dieu », comme elle disait, était Bourvil. Nous rendions un culte à ses films et à son talent, et c'est grâce à lui que le rire faisait parfois partie de la famille.

Une certaine routine s'était établie, moins accablante. La guerre des Nabet était finie. Les derniers survivants avaient déserté, laissant derrière eux un grand vide et quelques combats ultimes dans lesquels bataillaient encore avocats, huissiers, factures, injures, un soupçon de larmes, un zeste d'énergie et un résidu de haine pour se déchirer une dernière fois. Il ne restait plus qu'à briser les chaînes du clos Bissardon, ce quartier qui se fermait sur moi comme une voie sans issue.

Plus de grandes tablées le vendredi soir. Nous étions à peine trois ou quatre. Bernard lisait pour Suzanne la bénédiction du pain et du vin. L'ambiance était plutôt tristounette. Le dimanche soir, en guise de dîner, nous mangions un peu de fromage et trempions des tranches de flûtes beurrées dans le café au lait avec huit cubes de sucre. La guerre des Nabet était peut-être terminée, mais elle laissait derrière elle maintes blessures.

Pour assurer le gîte et le couvert, ma mère faisait des ménages jusqu'à épuisement. En dépit des allocations familiales, elle réussissait à peine à joindre les deux bouts. Elle n'hésitait guère à marchander en arabe vingt ou trente centimes au marché des Cordeliers.

— Maman, arrête de parler arabe. Nous sommes en France ici.

— Mon fils, laisse-moi faire. Je sais que tu as honte de moi, mais plusieurs centimes font un franc.

Le balayeur ramassait les feuilles d'automne. C'était en 1967. Durant l'été, ma mère était suspendue aux informations du transistor. Elle était morte d'inquiétude, car Radio Le Caire annonçait que l'armée égyptienne s'apprêtait à entrer dans Tel-Aviv, ce qui était un pur mensonge.

Puis arrivèrent quelques éclaircies. Au cours de ces dernières années, mes sœurs se marièrent et j'eus droit au défilé des beaux-frères. Le premier fut le mari de Pierrette : Dédé André Jacono, une force de la nature, bien bâti, la voix grave avec un accent marseillais qui me faisait sourire. À sa première visite, il serra la main de Zaki et de Suzanne dans sa poigne de fer : « Enchanté Madame, enchanté Monsieur », puis il jeta un regard vers la porte des chambres où nous étions cachés. Apparurent une tête, puis une autre, suivies encore d'une autre puis d'une dernière. « Bonjour, les enfants, » dit-il de sa voix grave à l'accent épicé. Toutes les têtes disparurent aussitôt.

J'avais déjà huit ans et pourtant il me portait à bout de bras, me faisant frôler le haut plafond. Il nous emmenait manger des merguez sur les quais du Rhône, nous cuisinait des escargots dans la marmite casher de Suzanne, non sans lui promettre de la remettre à « l'état casher ». Il avait cette phrase : « Ma belle maman, je vous ai rapporté le soleil de Marseille dans ma valise. Et oui, peuchère, il en manque à Lyon. » Il rapportait bien autre chose que du soleil dans cette maison. Pendant les grandes vacances, il m'emmenait au cabanon, voir l'étendue infinie dont j'avais été privé jusque-là : la Méditerranée. Au retour, la gare de Lyon-Perrache avec ses énormes locomotives qui crachaient leur fumée dans un vacarme d'enfer me ramenait à la réalité et à mes angoisses.

Plus réservé, le mari de Rolande, Georges, était très apprécié également par mes parents. Il venait de finir son service militaire et travaillait sur les marchés. En outre, son père était un homme très pieux, ce qui plaisait à mes parents.

Le dernier de la liste était Serge. Homme généreux, le mari d'Arlette portait au beau milieu du visage un énorme nez. Son nom était Benzaglou. Un soir de Noël, il m'offrit comme cadeau une voiture téléguidée. Quel bonheur ! À l'époque, c'était le jouet des enfants de riches. Je l'ai gardée longtemps.

La venue des beaux-frères dans notre existence nous a permis d'entrevoir ce qu'était une vie normale. Lorsqu'ils nous rendaient visite, je souhaitais ardemment qu'ils restent à la maison jusqu'à la fin des temps. Mes parents faisaient bonne figure et étaient tout sourire. Puis, ce fut au tour de Jean-Jacques de prendre son envol. Quelques années plus tard, il épousa Miriam.

Certes, ces couples se sont mariés par amour, mais cela a également permis à mes frères et sœurs de s'évader de l'enfer familial.

J'avais 12 ans. J'étais le dernier rescapé. Je me souvenais d'une certitude, que je traînais jadis. Qu'était-elle devenue ? L'avais-je enfouie dans mon for intérieur ? Cette pensée naïve me faisait sourire. Un miracle suffirait-il à transformer mon sort, à secouer ma « destinée » comme disait Suzanne ? C'est n'importe quoi ! Nous n'en sommes plus là, petit. Tu devras affronter la réalité. Tout cela est terminé.

Un après-midi de mars, observant les gens qui sortaient de la boulangerie avec leur baguette, la rue Bissardon m'apparut vide et terne. À l'évidence, je devrais me contenter de mon sort, accepter l'état des choses actuelles, me contenter de vivre au moins sans cette violence terrible, bien que sans horizon, sans issue.

Je laissai mon corps gringalet me mener à la fontaine à la gueule de lion, située à l'angle de la rue. L'eau rafraîchit ma solitude. Je m'assis sous cette fontaine de mélancolie, moi qui étais resté sans amis, moi qui avais cessé de prier Dieu et de me planquer sous la table en comptant mes dix doigts et mes désillusions.

C'était un jour de mars 1968, je ne l'oublierai jamais !

Savez-vous qu'il existe une autre réalité, une autre destinée, une autre histoire dans laquelle ma mère aurait pu voir pousser une fleur ?

Savez-vous que les jours peuvent être placés sous le signe du repos et de la beauté ?

Savez-vous que j'ai déserté ma première enfance et que je vais entamer la deuxième ?

Savez-vous que bouleverser le cours de sa vie dégage de l'énergie et de bonnes odeurs ?

Savez-vous qu'il ne reste que peu de pages, mais que chacune d'elles contiendra rires et réjouissances ?

Savez-vous que chanter la joie de vivre et ne plus entendre la haine est exaltant ?

Savez-vous que chaque pavé de ma rue brille à mon passage ?

Savez-vous que chaque ligne de ce livre me rapproche de l'incroyable ?

Savez-vous qu'il est bon de déposer son fardeau au détour d'un chemin et de continuer sa route ?

Subitement se sont ouvertes pour moi les portes de la joie, les portes du bien-être, du ravissement, de l'idéal, du plaisir et de l'ardeur, les portes de l'enchantement.

Penché sur le bord de la fontaine, je tentais d'endiguer avec mes mains le filet d'eau que crachait la gueule du lion. En me retournant, j'aperçus, tout près de moi, une paire de sandales et deux pieds recouverts de chaussettes grises. Un homme se tenait immobile. Mon corps, d'un seul mouvement, se redressa en tremblant, submergé par une vague de panique. Le silence régnait. Suzanne, ma mère, répétait sans fin : « Si Dieu veut », ou encore : « C'est le destin ». Me tournant aujourd'hui vers le passé, je ne sais lequel de ces deux souhaits a changé le cours de ma vie. Peut-être un appel à l'univers que quelqu'un a entendu…

J'observais cet homme, son pantalon gris, sa chemise blanche froissée, sa ceinture et son sac en bandoulière. L'homme me fixa un moment. Il avait de longues boucles noires qui tombaient sur ses épaules et une courte barbe frisée, noire elle aussi a la Cat Stevens. Il resta posté devant moi. Je me retournai vers la fontaine et enfonçai ma main dans la gueule du lion pour ressentir l'eau fraîche inonder mon bras.

Je croyais que mes rêves d'enfants n'avaient aucun pouvoir. Je croyais ne pas en avoir moi-même. Et voilà que…

— Bonjour toi. Quel est ton nom ? demanda-t-il avec un accent que je n'avais encore entendu nulle part.

— Denis, dis-je.

— Denis Nabet ?

— Oui, c'est moi.

— Tu habites dans cette rue, n'est-ce pas ?

— Oui, au numéro 12.

Je le fixai, les yeux grands ouverts, le cœur battant.

— Excuse-moi, je ne me suis pas présenté. Tu veux sûrement savoir qui je suis, dit-il en souriant. Je suis…

— Je le sais…

— Comment cela ?

— Je sais qui tu es.

— Tu me connais ?

— Tu es celui que j'attends depuis longtemps.

— Ah bon ?

— Tu es mon Messie. Ça a pris du temps, mais tu es là !

Il éclata de rire, très amusé.

— C'est-à-dire ?

— C'est bien toi, j'en suis sûr !

— C'est drôle que tu me prennes pour ton Messie.

— Oui, certainement, mais c'est comme ça, dis-je en haussant les épaules avec un sourire gêné.

— C'est la première fois qu'on me prend pour un Messie. Cela tombe bien, mon nom est Ben David, Ori Ben David, qui signifie fils de David.

— Ben David est le Messie ?

— Non, mais le Messie sera un descendant du roi David, dit-il en souriant. Attends-moi, je reviens tout de suite.

— Mais où vas-tu ? Tu ne vas pas disparaître ?

— Non, j'ai très faim. Je n'ai pas mangé depuis ce matin. Je vais à la boulangerie acheter un sandwich. Tu veux un gâteau ?

— Pour moi ?

— Ben oui.

— Une meringue au chocolat, alors.

Quand il revint, je constatai que mon Messie mangeait à pleines dents un sandwich au jambon.

— Tu manges du jambon ?

— T'inquiète pas, je suis le Messie, fit-il avec un clin d'œil.

Après avoir fini de manger, il me prit la main et me dit :

— Allez, viens, je t'emmène. Tu vas aller très loin, très loin d'ici !

— Où m'emmènes-tu ?

— Je t'emmène dans un endroit où tu pourras grandir librement, où tu te sentiras chez toi !

— Mais où est-il cet endroit ?

— Cet endroit s'appelle le kibboutz. Tu partiras avec ta famille.

— Nous n'en avons pas les moyens, nous ne pourrons jamais y aller.

Il sourit.

— Tu as dit toi-même que j'étais le Messie. Je vais t'expliquer. Je suis un *Shaliah*, un agent adressé par le mouvement Ihoud Habonim, et mon rôle est d'envoyer des familles juives comme la tienne au kibboutz. Tes frères et sœurs ont très longtemps fréquenté le mouvement. Ta sœur Pierrette avait déjà ses billets d'avion. Deux jours avant son départ, alors qu'elle était allée dire au revoir à une amie, elle a rencontré un jeune homme qui est aujourd'hui son mari. Un Marseillais. Elle a donc renoncé à quitter la France. Oui, mon garçon, je connais très bien quelques-uns de tes frères et sœurs qui étaient membres du mouvement. C'est ta sœur Mireille qui vit aujourd'hui au kibboutz qui m'a envoyé vous chercher.

— Ma sœur Mireille ?

— Oui, elle est membre du kibboutz Tzeelim.

— Comment c'est le kibboutz ?

Il me sourit à nouveau.

— Patience, tu verras. Allez, viens, présente-moi ta maman. Nous avons beaucoup de travail à faire pour préparer votre émigration !

— C'est sûr, nous allons quitter la France ?

— Oui, c'est sûr ! Promis !

Ori Ben David, mon Messie, parla longuement avec Suzanne de « cadre », de « bateau », de « billets d'avion ».

— Je m'occupe de tout, Madame. Ne vous inquiétez pas. Tout sera prêt avant le mois d'août.

C'était bien ma sœur Mireille, qui habitait déjà au kibboutz Tzeelim, qui avait en réalité délégué cet agent d'immigration pour recruter notre famille. C'est elle qui a envoyé mon Messie jusqu'à moi. L'espoir avait ouvert les portes de notre maison. Adieu la solitude ! Je n'avais jamais été aussi heureux de voir autant de boîtes de carton envahir l'appartement. Nous allions vraiment partir. Un jour, Louise entra chez nous et s'étonna.

— Qu'est-ce qui se passe ici ? Vous déménagez, Suzanne ?

Ma mère serra très fort Louise contre elle.

— Ma chère Louise, nous allons émigrer en Israël. Ma fille Mireille nous attend au kibboutz.

Les larmes de Louise coulèrent le long de ses joues.

— Je comprends, ma chère Suzanne. Vous avez bien raison. Le kibboutz est un bon endroit pour vous.

Quelques jours plus tard, on frappa à la porte. C'était Louise, une valise à la main.

— Ma chère Suzanne, je suis venue vous dire au revoir et vous souhaiter bonne chance. Je ne pourrai rester ici sans vous. Impossible. Je retourne à l'hôpital avant que vous ne partiez.

— Êtes-vous sûre, Louise ?

— Oh, oui. Rester ici même un seul instant tout à côté de votre appartement vide sera trop douloureux pour moi. Au revoir, Denis. Tu en as de la chance d'aller au kibboutz. Tu verras, ça va te plaire et n'oublie pas : lis beaucoup et deviens quelqu'un.

Elle me serra dans ses bras, puis disparut lentement dans les escaliers comme pour calmer sa peine et adoucir sa douleur. Soudain, sa voix retentit une dernière fois au bas de l'escalier :

— Denis, tu vas vivre dans une très belle société, comme je l'aime !

La bonne Louise, de conviction communiste, était heureuse pour nous et surtout fière.

Nous étions heureux, mais déchirés : quelques jours avant notre départ, la pauvre Louise rendait l'âme à l'hôpital Le Vinatier.

Ce soir-là, Arlette, venue nous voir avant notre émigration départ, se trouvait avec moi dans la chambre. De l'autre côté de la porte vitrée, Bernard s'écria : « Attention, le fantôme de Louise est derrière vous ! » Arlette hurla de terreur. La porte étant bloquée, je brisai la vitre de mon bras. Je perdis énormément de sang et passai la nuit à l'hôpital. J'avais risqué de ne pas connaître la terre promise.

Nous montâmes dans l'avion en août 1968. Au moment de l'atterrissage, je regardai par le hublot les yeux baignés de larmes : enfin, nous y sommes ! Incroyable, mais vrai !

Arrivés au kibboutz Tzeelim dans le Néguev, nous fûmes logés le soir même dans un petit appartement. Nous étions ivres d'émotion.

Tous les matins, de sa terrasse, notre voisin, monsieur Siksou, un Juif égyptien obèse à l'âge avancé, disait à Suzanne : « Sabah el her Habibti ». Ce premier contact l'offusqua terriblement, étant donné qu'en arabe algérien « Habibti » signifie « mon amour », alors qu'en arabe égyptien, cela veut dire « ma douce amie ». Ils rirent aux éclats de ce malentendu.

Premiers jours de bonheur. Je passais mon temps à l'étable. Il y avait au kibboutz pas moins de cent cinquante vaches. Au début, quand celles-ci ruminaient, je me rapprochais lentement et leur caressais le bout du museau. Très vite, à force de me voir traîner dans les parages, l'équipe m'adopta et j'eus même le privilège de participer à la traite.

Un jour, ma mère m'appela pour me montrer une rose qui avait éclos dans son jardin. Je compris alors ce que le Messie avait réalisé pour ma famille, pour ma mère.

J'étais un enfant libre. Je passais mon temps entre la piscine et l'étable. J'adorais l'odeur du foin et le contact de ces animaux. Bien des années plus tard, je devins moi-même membre d'un kibboutz et choisis le métier de vacher dans une étable ultramoderne de plus de trois cents têtes. Ce premier contact avec le kibboutz, l'agriculture et le désert avait guéri mon âme.

Ensuite, au terme de mes études théâtrales, je quittai l'agriculture pour l'art dramatique et, à la demande de mon kibboutz, enseignai les arts de la scène au lycée régional.

Les premières années de la vie d'un être humain forment sa personnalité. Cette période nous poursuit toute notre vie. Manquant d'assurance, l'adulte que je suis n'a pas su éviter les conflits. C'est aussi pour cette raison que grâce au kibboutz, j'ai choisi le métier que je pratique aujourd'hui. Je suis metteur en scène d'un théâtre thérapeutique et je m'exprime sur les planches devant un public. Je propose aux gens de se délester de leur fardeau pour mieux comprendre le mien. J'écoute leurs histoires, que je transpose en langage scénique. Cette thérapie théâtrale est devenue ma profession, ma profession de foi. Quand je suis en société, je rase les murs, je cherche mes mots, j'écoute sans rien dire. La scène est mon abri, mon refuge. J'entre dans la peau des personnages venant du public, je plonge dans leur histoire et, à travers eux, je raconte mes joies et mes tristesses, mes dilemmes et mes conflits. Pour cela, j'appelle à l'aide ma meilleure compagne, celle qui m'a épaulé tout au long de ma vie, qui m'a soutenu jour et nuit depuis mon enfance. Je ne l'ai jamais trahie. Elle est devenue la lumière qui balise mon chemin, mon guide, mon adrénaline. Je la sens planer au-dessus de moi lorsque je m'incline pour saluer le public, le remercier à l'ultime instant avant de descendre les quelques marches de la scène. Alors, je redeviens moi-même, ce garçon qui a grandi au 12 rue Bissardon, ce timide maladif qui tâche tant bien que mal de camoufler sa véritable identité, à l'aide de cette fidèle compagne ; **la créativité**.

Septembre arrivait, j'avais déjà treize ans et, faute d'avoir intégré un cadre scolaire, je me promenais sans but dans ce kibboutz verdoyant au milieu du désert. Un matin, en passant devant l'école primaire du kibboutz, j'entendis la maîtresse signaler avec sa cloche la fin de la récréation. Je me cachai derrière un buisson et observai la scène avec envie. Les élèves, pieds nus, sandales à la main, rentraient en classe dans le désordre le plus total. Seul un enfant qui tenait un agneau dans ses bras resta dans la cour, refusant de s'en séparer. Après une courte conversation en hébreu que je compris à peine, elle caressa la tête de l'enfant et l'autorisa à entrer en classe avec son agneau dans les bras.

Assis derrière le buisson à ma droite, James, témoin de ce qui venait d'arriver sous nos yeux, me souffla : « Ils ont tout compris au kibboutz. » Je confirmai : « Oui, ils ont tout compris au kibboutz… » James me manquait, j'aurais tant voulu qu'il découvre cet endroit.

J'ai cru à l'époque, et je crois encore à présent, bien que j'aie quitté le kibboutz pour vivre mon expérience théâtrale, que c'est une des formes de vie les plus merveilleuses.

Ce jour-là, derrière ce buisson, j'eus une terrible envie d'aller à l'école, de rentrer en classe avec ces enfants. Où es-tu, mon Messie ? J'ai besoin de te serrer dans mes bras. Grâce à toi, mes enfants ont reçu leur éducation au kibboutz.

Le soleil du Néguev m'éblouissait. Je fermai les yeux : ma seconde enfance commençait.

Remerciements

Mes frères et sœurs, Rolande, Jean, Jacques, Mireille, Lucienne, Bernard, ma nièce Aline, sans vous, cette histoire ne serait pas écrite.

Cher Denis Charbit, merci pour ton aide, pour tes conseils, ton soutien et ta patience.

Merci à ma belle-sœur Natalie Castetz et Jean Jacque Desse qui m'ont donné beaucoup de courage pour me lancer dans cette grande aventure.

Haya et Mickael Adam, votre aide était précieuse, merci.

Michelle Nabet, mon autre belle-sœur, merci beaucoup pour tes dernières remarques et rectifications.

Chère Melanie Villeval, tu es la bonne personne au bon moment, géniale ! Mille mercis.

Mon neveu Jean Marc, je voulais te dire que tu as un grand cœur et tu m'as énormément encouragé. Merci pour ton soutien.

Anne, ma femme chérie, tu avais confiance en moi et m'as donné tant de force tout au long du chemin, jusqu'à la fin. MERCI.

Imprimé en Allemagne
Achevé d'imprimer en novembre 2023
Dépôt légal : novembre 2023

Pour

Le Lys Bleu Éditions
40, rue du Louvre
75001 Paris

www.ingramcontent.com/pod-product-compliance
Lightning Source LLC
Chambersburg PA
CBHW062343010826
49168CB00024B/233

9791042214074